DIREITO EDUCACIONAL

VIOLÊNCIA, INDISCIPLINA E ATO INFRACIONAL NA ESCOLA
PAIS E PROFESSORES... E AGORA, O QUE FAZER ?!?!

CLEMIRENE OLIVEIRA

CONTRATE uma de nossas PALESTRAS, Curso de FORMAÇÃO CONTINUADA (professores), SEMINÁRIO ou WORKSHOP

Quando alunos e filhos pensam que possuem apenas direitos, faz-se necessário, com zelo, amor e responsabilidade conscientizá-los de seus deveres!

PALESTRAS PARA:

Pais, alunos, professores, gestores, orientadores e coordenadores pedagógicos;

Cursos ou seminários de formação continuada para professores/educadores;

Seminários e Workshops.

Agende uma de nossas palestras e obtenha algumas respostas para pais, alunos, professores enquanto agentes envolvidos no processo educacional. *"Porque a Escola pede socorro"!*

CONTRATAR PALESTRAS com a professora e advogada Clemirene Oliveira

@ palestrasclemireneoliveira@hotmail.com   f Clemireneoliveira

📞 (69) **9.9246-5177**   (69) **9.8434-7197**

CLEMIRENE OLIVEIRA

DIREITO EDUCACIONAL
Violência, Indisciplina e Ato Infracional na Escola

Pais e Professores... E agora, o que fazer ?!?!

1ª Edição - 2017
Vila Velha - ES

Editora e Publicações

© 2017—Above Publicações

Editor Responsável
Uziel de Jesus

Gerente Editorial
Daiane Benedet

Revisão
Priscila Alves Batista

Capa
Above Publicações

Diagramação
Above Publicações

Todos os direitos reservados pelo autor.

É proibida a reprodução parcial ou total sem a permissão escrita do autor.

Editora Above
(27) 3140-3374
www.aboveonline.com.br

Ficha catalográfica

OL48d

    Oliveira, Clemirene De Jesus Silva,
       Direito Educacional Violência, Indisciplina e Ato Infracional na Escola / Clemirene de Jesus Silva Oliveira – Vila Velha : Quickbook Editora e Publicações, 2017.
       128 p. ; 14x21 cm.

       ISBN 978-85-93899-05-8

       1. Direito Educacional. 2. Menoridade. 3. Indisciplina. I. Título

CDD 344.07

Esta obra faz parte do projeto "A Criança, o Adolescente e o DEVER de educar-SE", um projeto que visa abordar, através de palestras com pais, alunos, professores e estudiosos do Direito, sobre Violência, Regimento Escolar, Indisciplina, Ato Infracional e seus devidos encaminhamentos diante dos DIREITOS e DEVERES esculpidos no DIREITO EDUCACIONAL brasileiro. Porque, com zelo, amor e responsabilidade, é necessário esclarecer que a Criança e o Adolescente NÃO possuem apenas DIREITOS.

Dedicatória

Ao Deus Criador de todas as coisas, aquele que é capaz de transformar vidas, revitalizar sonhos e reconstruir histórias... Querido Papai, te amo muito e minha vida pertence a Ti, sem reservas.

Em especial aos queridos de minha família, minha estrutura. Devo a vocês a base de tudo que foi edificado em mim.

Ao meu esposo Daniel F. Almeida de Oliveira, uma pessoa que torna minha vida notoriamente gratificante com o seu jeito terno e peculiar de ser;

À Carmem Ronconi, a professora que me alfabetizou e motivou-me a crer que a Educação é uma semente que transforma vidas;

Aos meus amigos e alunos, especialmente aos professores pela capacidade de motivar e provocar mudanças no âmago e na vida dos indivíduos;

Sumário

Introdução 11

Capítulo 1
Aspectos Históricos da Educação no Brasil 25

Capítulo 2
O Direito Educacional no Brasil e a considerável demanda por vagas nas escolas públicas... 31

   A Constituição Federal de 1988 e a Educação................ 32

   A Lei de Diretrizes e Bases da Educação (LDB) de 1996 e a educação dos indivíduos na menoridade...................... 42

   O Estatuto da Criança e do Adolescente (ECA) e a Educação 55

      A Legislação Brasileira e a Responsabilidade civil da Escola Pública 60

      Responsabilidade Civil, Penal e Administrativa quanto à Educação na Escola Pública.....................................61

      Qualidade do Ensino e Responsabilidade 70

      A família brasileira e a educação dos filhos após a promulgação do ECA 72

      Algumas considerações/sugestões para os pais..................77

Capítulo 3

Bullying, Indisciplina e Ato Infracional 85
    Violência nas Escolas Brasileiras 86
        O bullying 88
        A Indisciplina e o Ato infracional 95

Considerações Finais 113
    O Direito Educacional e os DEVERES educacionais das
    Crianças e dos Adolescentes 113

Bibliografia 123

Sobre a Autora 127

Introdução

Falar de Educação é motivador. Porque Educação é um instrumento que pode imprimir transformações favoráveis na vida das pessoas. E um profissional da Educação dedicado e capacitado é capaz de motivar mudanças na vida daqueles indivíduos que se predispuserem. E isso é possível pelo exercício do Magistério. Não que este ofício seja uma prática fácil. O Magistério é desafiador.

E a Educação enfrenta considerável desafio na atualidade brasileira.

A Lei conhecida como aquela que protege crianças e adolescentes foi aprovada em 1990: O ECA – Estatuto da Criança e do Adolescente.

Substituindo o Código de Menores, esta Lei veio resguardar direitos, preservar interesses de alguém que por causa da incapacidade de se autoproteger, em decorrência das peculiaridades da tenra idade, precisava de proteção maior.

Assim, diante de tanto desrespeito e violência contra os jovens, é elementar considerar a importância do Estatuto da Criança e do Adolescente para o cenário brasileiro, considerando-se a proteção integral, fator importante para abrigo de indivíduos que em decorrência de sua idade não podem defender-se facilmente de agressores que atacam, violam seus direitos e os desrespeitam.

Entretanto, a má interpretação desta lei especial (ECA) tem trazido consideráveis prejuízos para a Educação sistematizada. Porque ao fazer parte de um país que valoriza a liberdade em sua forma mais ampla, é comum que alguns jovens e até adultos, reconhecendo o direito de liberdade, por vezes ignorem até onde podem usufruir de tal liberdade. E assim, muitos alunos, crianças e/ou adolescentes por não compreenderem claramente o objetivo da Lei cometem verdadeiras atrocidades na escola por excesso do uso dessa liberdade decorrente da má interpretação da lei.

E, desse modo, algumas famílias, em alguns casos, não sabem como agir, nem como orientar esse filho (aluno).

A falta de melhor compreensão sobre este assunto por parte de alguns profissionais, famílias e alunos tem levado muitos pais, alunos e até professores ao entendimento de que o ECA foi promulgado apenas para defender e difundir os direitos dos indivíduos na menoridade, levando outros ao pensamento de que no descumprimento da lei, nos atos de desrespeito ao próximo, na indisciplina escolar, atos infracionais e atos diversos de violência e destruição do patrimônio privado ou público nada pode-se fazer para disciplina e/ou ensino de tais crianças e adolescentes.

Atrelado a isso, outra situação muito discutida por muitos profissionais da educação foi uma mudança ocasionada pelo parágrafo 5º do art. 32 da nova LDB, incluído pela Lei nº. 11.525, de 2007. Este veio dispor que o currículo do ensino fundamental incluirá, obrigatoriamente, conteúdo que trate dos direitos das crianças e dos adolescentes, tendo como diretriz a Lei no 8.069, de 13 de julho de 1990, que institui o Estatuto da Criança e do Adolescente (ECA), o que deve ser feito com a produção e distribuição de material didático adequado.

E agora, Professor?!?!

O que fazer? Como orientar?

Após a implementação do ECA, surgiram algumas afirmações equivocadas de que a referida lei mitigou a autoridade dos pais de orientar e muitos deles, desse modo, não sabem o que é permitido ou proibido dentro dos limites do poder familiar diante da disciplina dos filhos quando diante de um ato infracional ou de indisciplina.

Na prática diária do trabalho escolar, diante da indisciplina escolar e a violência alarmante é comum muitos profissionais da Educação ouvirem de pais e/ou responsáveis que quanto à conduta dos seus filhos "não sabem mais o que fazer". E diante de situações como esta, o professor e a escola, quando não preparados, sentem-se confusos, uma vez que se os pais perderam o controle da educação dos filhos, como trabalhar agora as deficiências de uma educação que deveria ter iniciado no seio familiar?!

A proposta desta obra é esclarecer que a Educação é um direito, mas que seus agentes, seja Escola ou Família, com amor, zelo e responsabilidade podem e devem adequadamente orientar seus filhos e alunos para o conhecimento do objetivo da Lei que veio para trazer equilíbrio e não instaurar o caos e a desarmonia.

Leia a obra com carinho e encontrará respostas técnicas e sugestivas para o processo prazeroso e salutar que é o ATO DE EDUCAR.

A Violência tem crescido nas escolas. Muitos alunos pensam que possuem apenas direitos e quando isso ocorre instaura-se a desarmonia.

Entretanto, o processo precisa continuar. Para isso, portanto, precisa-se criar harmonia no ambiente escolar ou recuperar esta harmonia que fora perdida no decorrer dos anos, com o fito de possibilitar o processo de ensino e aprendizagem com a qualidade necessária e imperiosa.

A SOCIEDADE PRECISA DE HARMONIA. A Escola precisa de PAZ ! Por isso, a Escola pede SOCORRO!!!

Tratando-se de educação e harmonia no processo de educar, vale considerar que o surgimento do Estado politicamente organizado e a formação social são muito discutidos e estão intrinsecamente ligados a aspectos históricos sociológicos e doutrinários. O

"De um lado, o indivíduo pode exigir que o Estado o eduque. De outro, o Estado pode exigir que o indivíduo seja educado."

(DI DIO)

Estado é uma organização destinada a manter, pela aplicação do Direito, as condições universais para garantia dessa harmonia, segurança e paz social.

E o Direito é, portanto, o conjunto das condições, regras e normas necessárias para a tranquilidade da sociedade, que ao Estado cumpre assegurar[1].

Para manter a ordem social e evitar mais desigualdades, os homens criaram a sociedade política, mediante um contrato que Jean Jaques Rousseau[2] denominou de "o contrato social".

---

1   MALUF, Sahid. Teoria Geral do Estado. São Paulo: Saraiva, p. 01, 2003.

2   Jean-Jacques Rousseau, filósofo, considerado como um dos maiores pensadores europeus no século XVIII, autor da obra "Do Contrato So-

Assim, a História registra que o homem sempre viveu em sociedade, e nesta, ininterruptamente, sempre necessitou de organização e liderança por um instrumento detentor do poder. Do clã passou a existir a tribo e resultante desta surgiu o Estado, para num pacto social promover o bem comum, não apenas de alguns, mas de todos os indivíduos.

Com o desenvolvimento social, a ampliação do poder econômico e a complexidade dos conflitos advindos das relações daí decorrentes, o Direito como Ciência surgiu para pacificar, disciplinar e regulamentar tais conflitos.

De modo didático, tem-se subdividida a Ciência Jurídica em vários ramos, dos quais serão citados alguns: Os Direitos Humanos, Direito Administrativo, Direito Civil, Direito Imobiliário, Direito do Consumidor, Direito Internacional Privado, Direito da Criança e do Adolescente, Direito Constitucional, Direito Previdenciário, Direito do Trabalho, Direito Internacional Público, Direito Militar, Direito Penal, Direito Processual, Direito Eleitoral, Direito Empresarial, Direito Financeiro, Direito Tributário, Direito Indígena, Direito Ambiental, Direito Educacional, entre outros.

Para o jurista e estudioso Nelson Joaquim "a complexidade da sociedade, o aumento da demanda pela Educação e os conflitos nas relações educacionais provocaram o surgimento de legislações específicas na área da educação e, por consequência, a necessidade de especialização e sistematização do Direito Educacional."[3]

O Direito Educacional no Brasil teve sua origem com o

---

cial".

3   JOAQUIM, Nelson. Direito Educacional Brasileiro, p. 109, 2009.

jurista e estudioso Renato Alberto Theodoro Di Dio, através da tese de Livre Docência intitulada "Contribuição à Sistematização do Direito Educacional" apresentada na Faculdade de Educação da Universidade de São Paulo, em 1981.

Na atualidade, a matéria de Direito Educacional faz parte dos Componentes Curriculares de algumas faculdades, culminando como Curso de Pós-Graduação em vários estados brasileiros, em instituições como IBDC (Instituto Brasileiro de Direito Constitucional), FTC (Faculdade de Tecnologias e Ciências), IPAE (Instituto de Pesquisas Avançadas em Educação), Colégio Salesiano, PUC de Minas, Universidade Cândido Mendes e outros.

Renato Alberto Theodoro Di Dio assim descreve:

O Direito Educacional é o conjunto de normas, princípios, leis e regulamentos que versam sobre as relações de alunos, professores, administradores, especialistas e técnicos, enquanto envolvidos, mediata ou imediatamente, no processo ensino-aprendizagem[4], (grifo nosso).

Já segundo BOAVENTURA[5]

O Direito Educacional é um conjunto de normas, princípios e doutrinas, que disciplinam a proteção das relações entre alunos, professores, escolas, famílias e poderes públicos, numa situação formal de aprendizagem (grifo nosso).

Nesta obra tem-se como foco o estudo sobre o Direito Educacional e sua aplicabilidade nas instituições de ensino.

A princípio, convém descrever que a Educação pode ser compreendida como um termo que comporta várias interpretações, sem, contudo, alterar a finalidade e essência.

Muito embora o significado dos termos educação, ins-

---

4   Idem, pág. 113, 2009.
5   Idem, pág. 115, 2009.

trução e ensino sejam objetos de estudo da Pedagogia, o caráter interdisciplinar do Direito Educacional permite-nos utilizá-los. Aliás, a Constituição de 1988 emprega o termo "educação" (caput do art. 205), mas utiliza frequentemente a expressão "ensino", ou seja, educação escolarizada (arts. 206 e 208). Um pouco diferente da lei ordinária, no caso da Lei de Diretrizes e Bases da Educação (Lei nº 9.394/96), utiliza poucas vezes a expressão "ENSINO", mas frequentemente emprega o termo "educação".[6]

Para a Ciência da Educação[7] existem duas formas de Educação: A Educação Sistemática e a Educação Assistemática. A Educação Assistemática é um processo de ensino e aprendizagem que ocorre no decorrer de toda a existência do indivíduo. Esta é mais abrangente, uma vez que engloba todos os aspectos da vida do ser humano, é empírica e desenvolvida nos ambientes sociais em que o homem coexiste.

Educação assistemática é desenvolvida nas relações sociais, mas inicia-se no seio familiar. É a educação que vem de berço e a família deve ser o baluarte, o bom exemplo, o bom modelo desse tipo de educação.

Já a educação sistemática é ligada à sistematização do ensino e é científica, ocorrendo em instituições escolares públicas ou privadas.

Para a doutrinadora Dâmares Ferreira, a Constituição atribuiu ao termo 'educação' significados distintos, mas conexos. Nos art. 6º, 23, V e XII, 24, IX, 1ª parte, 205, 225 e 227, a Carta Maior referiu-se a uma educação em sentido amplo; já nos artigos 22, XXIV, 24, IX, 2ª parte, 30, VI, 206, 208, 209 e 214, referiu-se a uma educação em sentido estrito ou educação

---

6   Idem, p. 36, 2009.
7   Piletti, Claudino. Didática Geral, Ática, 1997

escolar.

O primeiro significado de "Educação", segundo a autora retromencionada, abrange todos os processos formativos humanos e trata-se de responsabilidade da família, principalmente, e em seguida da sociedade, a sua promoção.

O segundo significado refere-se à transmissão formal do conhecimento em instituições de ensino e pesquisa, e tem por objetivo especialmente preparar o indivíduo para o mundo do trabalho e das práticas sociais. Assim, a educação deve ser considerada um gênero do qual a educação escolar é uma espécie.[8]

A democratização do ensino, o complexo aumento da demanda por vagas nas escolas públicas, a garantia do direito à educação sistematizada (ou escolar), os conflitos nas relações entre os alunos, entre professores e alunos, empresas e instituições particulares de ensino, incluindo pais e/ou responsáveis na busca pela devida qualidade educacional são fatores que geraram tanto a necessidade de maiores estudos quanto de leis e normas que regulamentem as relações sociais nos ambientes que sistematizam a EDUCAÇÃO.

No Brasil, a Constituição Federal de 1988 em seus art. 5º e 6º quando aborda os direitos e garantias fundamentais e os direitos sociais garantiu a inviolabilidade do direito à vida, à liberdade, à igualdade, à segurança e à propriedade e à **educação** (grifo nosso), à saúde, ao trabalho, à moradia, ao lazer, à segurança, à previdência social, à proteção à maternidade e à infância, além da assistência aos desamparados.

Destacam-se na presente obra alguns casos de conflitos, bem como algumas normatizações do Direito à Educação, este

---

[8] FERREIRA, Dâmares. Direito Educacional em Debate. V. I, p. 40-41, 2004.

que é uma das garantias fundamentais determinadas pela lei máxima do Brasil.

Para garantir esse direito à Educação, o Estado utiliza alguns instrumentos para os quais delega obrigações. Dentre esses organismos está a sociedade que deve atuar em cooperação com a família, esta que é fator elementar na formação do próprio Estado. Outro instrumento fundamental para assegurar a efetivação desse direito consideravelmente salutar é a Escola.

O legislador no art. 205 da Constituição Federal (CF) de 1988, doutrina que "a Educação é um direito de todos e dever do Estado e da família, será promovida e incentivada com a colaboração da sociedade, visando ao pleno desenvolvimento da pessoa, seu preparo para o exercício da cidadania e sua qualificação para o trabalho."

Neste objetivo, o Estatuto da Criança e do Adolescente (ECA) em seu art. 53 veio disciplinar também que a criança e o adolescente têm direito à educação, visando ao pleno desenvolvimento de sua pessoa (...), assegurando-se-lhes:

> *Igualdade de condições para acesso e permanência na escola e direito de ser respeitado por seus educadores, direito de acesso à escola pública e gratuita próxima de sua residência (grifo nosso).*

Contudo, grande é o desafio da escola para desenvolver sua função de educar de modo sistematizado, porque nota-se na sociedade brasileira um alto índice de violência que por atingir toda a coletividade alcança também o ambiente escolar. Em algumas escolas a indisciplina e o ato infracional assumiram tais proporções que muitos professores e agentes educacionais sentem-se amedrontados e até intimidados com os alunos.

Fala-se com frequência de crianças e adolescentes sendo

usados por traficantes para distribuição de drogas dentro de escolas e muitos indivíduos ainda em tenra idade são agentes de atos extremos de violência, ameaças, danos, furtos, roubos, lesão corporal e homicídios nas escolas, o ambiente criado com o fulcro de sistematizar a educação de uma coletividade.

Na mídia, cotidianamente, veiculam imagens de indivíduos na menoridade (crianças e adolescentes) cometendo audaciosas ações de delinquência na escola, professores assustados e cada vez mais precocemente observam-se alunos desrespeitando os limites da liberdade.

"Considera-se criança, para os efeitos desta lei, a pessoa até doze anos de idade incompletos, e adolescente aquela entre doze e dezoito anos de idade" (art. 2º do ECA)

É salutar expor que a menoridade é a fase que vai do nascimento aos 18 anos incompletos, segundo postulado pelo art. 5º do atual Código Civil de 2002.

Aos dezoito anos completos, o indivíduo torna-se capaz (habilitado) à prática de todos os atos da vida civil.

O Estatuto da Criança e do Adolescente dispõe em seu art. 2º o conceito de criança e adolescente. Desse modo, esclarece que

"considera-se criança, para os efeitos desta lei, a pessoa até doze anos de idade incompletos, e adolescente aquela entre doze e dezoito anos de idade."

Nesta obra, ainda serão feitas algumas considerações sobre o Direito Educacional e especialmente, o que dizem as leis brasileiras acerca das medidas aplicáveis aos casos de crianças e adolescentes que na escola deterioram o patrimônio público, não cumprem as atividades pedagógicas dos componentes curriculares de sua série, violentam, agridem os colegas e até os professores e demais membros da escola de modo verbal e até fisicamente, com atos de indisciplina e por vezes ato infracional.

É incontestável que a Escola, por vezes, sente-se refém dessa realidade. O ambiente criado para produzir Educação passa por problemas além da razoabilidade. Se Immanuel Kant[9] disse que "é no problema da educação que assenta o grande segredo do aperfeiçoamento da humanidade", como aperfeiçoar quem não deseja ser aperfeiçoado?!?!

Muitos podem dizer que o problema é falta de motivação. Motivar é necessário. Contudo, existem casos para o professor que nem motivar é possível devido à indisciplina de alunos que sequer param para ouvi-lo. A aula de motivação às vezes não consegue superar a esfera do planejamento. Em muitos casos o professor erra quando não se prepara adequadamente para seu ofício. Mas, os resultados das notas contraproducentes e baixas e o resultado da aprendizagem nem sempre é culpa do professor.

Diante do considerável índice de violência, indisciplina e desrespeito no ambiente escolar, questiona-se:

Existem deveres inerentes à educação dos indivíduos na menoridade? A quem pertence o DEVER de educar, segundo a legislação brasileira? Os indivíduos na menoridade possuem obrigações educacionais? Quais medidas jurídicas podem e devem ser aplicadas aos casos de indivíduos violentos nas instituições que promovem Educação Sistemática?

Como tratar casos de depredação, destruição e vandalis-

---

9   Immanuel Kant ou Emanuel Kant (Königsberg, 22 de Abril de 1724 — Königsberg, 12 de Fevereiro de 1804) filósofo alemão, considerado como o último grande filósofo dos princípios da era moderna.

mo de alunos na menoridade que deterioram os prédios públicos escolares, assustam e aterrorizam a sociedade escolar, não possuem limites e desrespeitam os direitos dos outros alunos? Quando a família, conhecedora das indisciplinas dos filhos, nada faz para auxiliá-los e educá-los, o que diz a lei sobre isso?

Paulo Freire[10] disse que "não é possível refazer este país, democratizá-lo, humanizá-lo, torná-lo sério, com adolescentes brincando de matar gente, ofendendo a vida, destruindo o sonho, inviabilizando o amor. Se a educação sozinha não transforma a sociedade, sem ela tampouco a sociedade muda."

A seguir, serão abordados ainda alguns dos direitos assegurados às crianças e aos adolescentes, salientando também, os deveres que lhe são inerentes. Será feita ainda uma análise a respeito da Educação no Brasil, bem como sobre as garantias quando da considerável demanda por vagas nas escolas públicas.

Em capítulo posterior será feito um estudo sobre *Bullying*, indisciplina e alguns atos infracionais praticados por alunos, além de alguns crimes cometidos por professores contra alunos, salientando as medidas administrativas que a escola pode adotar, bem como a responsabilidade das instituições públicas de ensino e algumas medidas jurídicas existentes na legislação brasileira.

A faixa etária de interesse ao presente estudo está fixada nos alunos com até 18 anos, aqueles considerados pela lei como indivíduos na menoridade.

---

10   Paulo Reglus Neves Freire (Recife, 19 de setembro de 1921 — São Paulo, 2 de maio de 1997), um educador brasileiro. Destacou-se por seu trabalho na área da educação popular, voltada tanto para a escolarização como para a formação da consciência. Um dos pensadores mais notáveis na história da pedagogia mundial.

Diante da prática de atos que atrapalham o bom desenvolvimento das aulas nas escolas públicas, algumas escolas têm feito a expulsão de muitos alunos. Quanto a isso, analisar-se-á, entretanto, alguns conceitos doutrinários e jurisprudenciais referentes às regras do Regimento Escolar.

Finalmente analisar-se-á algumas medidas jurídicas que podem ser aplicadas no âmbito educacional e, precipuamente, o Direito Educacional e os DEVERES das crianças e dos adolescentes nas instituições de ensino.

Não há pretensão de extenuar ou esgotar o assunto acerca dos deveres inerentes à Educação das crianças e adolescentes, entretanto, esclarecer as responsabilidades do Estado, da Família e do próprio indivíduo na menoridade para o bom desenvolvimento de sua vida educacional, pessoal e social, é o objetivo específico do presente livro.

Capítulo 1

Aspectos Históricos da Educação no Brasil

A Educação sistematizada no Brasil sofreu consideráveis transformações desde a época da colonização. A princípio, era um privilégio de poucos, na atualidade é um dos direitos sociais mais discutidos nas políticas públicas e é garantido constitucionalmente a todos.

Historiadores[1] e Sociólogos[2] descrevem o histórico da Educação no Brasil e a expansão desse direito, salientando que no início as escolas

"A felicidade dos povos e a tranquilidade dos Estados dependem da boa educação da juventude."

(Emilio Castelar y Ripoll)

de educação sistematizada apareceram para satisfazer os anseios e os interesses apenas da aristocracia. Não é sem razão ou por mero acaso que a palavra escola significa "lazer". O vocábulo escola vem do grego *skole*, que quer dizer ócio, isto é, tempo livre das ocupações, e, latinizado, o termo ficou *schola*. Originariamente, a escola era o lugar onde as pessoas de posses davam-

---

1   KREUTZ, L. A educação básica: um olhar sob a perspectiva histórica. In: STREECK, D. A educação básica e o básico na educação. Porto Alegre: Sulina/Unisinos, 1996.

2   Oliveira, Pérsio Santos. Introdução à Sociologia da Educação. São Paulo: Ática, 2005.

-se ao luxo de fazerem exercícios intelectuais, sem visarem, com isso, outros resultados, senão o enriquecimento mental, para mais fácil separação das pessoas com posição social mais baixa. A ida à escola era por puro prazer.

A escola desdobrou-se, então, para uma educação sistemática. A diferenciação econômica, a divisão do trabalho e o comércio entre grupos e povos criaram certos instrumentos culturais necessários para a sustentação de todos. O comércio e a produção exigiram a criação da escrita, da numeração e do cálculo. A divisão das terras do Nilo exigiu a Geometria. A navegação exigiu melhores conhecimentos em astronomia.

Alguns indivíduos da classe dirigente que se dedicavam ao serviço do culto e das práticas religiosas organizaram os primeiros cursos intencionais para transmitir essas novas técnicas culturais. Estava fundada, assim, a escola. Seus fundadores: os sacerdotes.

Não é sem razão que a primeira escrita da história – a egípcia - se chamou *aeróglifos*. Do grego *hieros* (sagrado) e *glifos* (escrito). Esses ensinaram a escrita, as leis, a religião, a Astronomia, a Astrologia etc. Daí surgiram os primeiros letrados: os escribas.

A princípio, as escolas eram destinadas especificamente às pessoas de determinadas classes, como nobres, militares e artesãos, e sua função era especializar esses cidadãos nas missões e ofícios que já desempenhavam, de modo que complementassem os conhecimentos de pessoas que já possuíam determinadas profissões. Os reis eram orientados à arte de reinar; os guerreiros, na de combater; os artesãos, na realização de trabalhos manuais mais aperfeiçoados e assim por diante. A educação sistemática era privilégio de poucos.

No entanto, essa realidade se alterou e com a Revolução Francesa foi, aos poucos, espalhando-se a escolarização, até que, legalmente, a educação escolar passou a ser considerada um direito de todos.

O processo histórico de colonização a que o Brasil foi submetido, passando a integrar a civilização cristã ocidental deu lugar à transplantação da cultura europeia para o Brasil.

As primeiras formas sistematizadas de educação apareceram no Brasil em 1549 com a chegada dos primeiros jesuítas, juntamente com o Governador Tomé de Souza. Como foram os jesuítas que monopolizaram a educação no Brasil, nos dois primeiros séculos e meio, a educação baseou-se na doutrina cristã da Igreja Católica.

Assim, na sociedade colonial nos dois primeiros séculos e meio, rigidamente estratificada em duas classes sociais (senhores versus escravos), toda a educação brasileira foi profundamente marcada pelos jesuítas e pelo espírito da Contrarreforma. O ensino jesuítico transmitia uma cultura de feição literária, pois em seu conteúdo programático predominavam o latim, a gramática e a retórica.

Essa forma sistematizada de educação, transmitindo uma cultura social brasileira transplantada do Ocidente europeu possibilitou o surgimento, na estrutura social brasileira da Colônia, de um objetivo cultural que foi claramente se delineando ao longo dos dois primeiros séculos e meio, o mito do padre.

Um grande número das mães brasileiras desejava possuir um filho padre. O próprio sistema educativo daquela época visava à formação do padre.

A partir de 1759, com a expulsão dos jesuítas, iniciaram-

-se as profundas modificações na educação brasileira. Com a reforma do Marquês de Pombal, todo o sistema de ensino jesuítico tornara-se falido.

Em uma sociedade que continuava inalterada, baseada em uma economia agrário-exportadora, totalmente dependente do mercado externo, com uma rígida separação entre senhores versus escravos, os colégios jesuíticos começaram a ser substituídos pelas escolas com objetivos mais amplos que a formação do clero.

A educação, que até então era tarefa exclusiva da igreja, passou a ser também um serviço do Estado. Assim, o ingresso do Estado no campo da educação sistemática no Brasil representou, pois, um traço inovador e consideravelmente significativo. Em 1808, quando da chegada de D. João VI ao Brasil, o ensino era extremamente reduzido, limitando-se a poucas unidades escolares espalhadas pelo imenso território nacional.

A Educação brasileira era representada por poucas escolas de nível médio; o ensino superior ainda inexistia no país.

Por dar ênfase ao ensino superior e negar a devida importância do ensino primário e secundário, D. João VI incorreu em erro gravíssimo para a educação brasileira da época, haja vista que isso incidiu em reflexos negativos posteriores.

O desprestígio da educação e o desinteresse por ela no seio da classe de renda mais baixa eram reflexos da sociedade aristocrática e do modo de produção escravista da época. A distância entre educação e sociedade era evidente, uma vez que a educação não servia para promover o desenvolvimento da sociedade, e sim para promover "classificação", distinção e maior prestígio social aos membros da classe social mais elevada.

Com a criação dos dois primeiros cursos superiores de Direito, um em São Paulo e outro em Olinda, o espírito jurídico começou a substituir o espírito religioso, dominante até então.

Começou a ocorrer lentamente, na estrutura social brasileira, a substituição do objetivo cultural prevalecente, trocou-se o ideal de ser padre pelo sonho de ser considerado um doutor, nesse caso, um jurista.

Assim, a finalidade da educação brasileira dos séculos XVIII e XIX era a formação do doutor, no entanto, apenas uma reduzida quantidade de brasileiros queria e podia visar a tal profissão, visto que esta seria exclusivamente possível apenas às pessoas muito ricas da época retrocitada.

Toda a educação brasileira, (entre os séculos XVIII e XIX), do primeiro ano primário ao último ano do curso superior era exclusivamente orientada para o sonho de ser doutor. E era, assim, uma educação antidemocrática, injustamente elitista e seletiva, porquanto de antemão excluía as classes baixa e média e que representavam o povo brasileiro em sua grande maioria.

No período compreendido entre 1850-1930 começaram a surgir inovadores projetos para a educação brasileira e decretaram-se reformas. Já com a Proclamação da República passou-se a reconhecer a importância da educação e a considerá-la como uma preocupação nacional.

O governo republicano tentou passar do plano teórico para o sentido prático. Entretanto, os resultados obtidos ficaram muito abaixo dos objetivos propostos.

Durante a etapa inicial do período republicano, o desenvolvimento da Educação popular ainda foi lento e assinalado por algumas reformas do ensino secundário e superior.

Em 19 de abril de 1890, foi criado o Ministério da instrução, Correios e Telégrafos, entregue a Benjamin Constant.

Já no início do século XX, a situação da Educação brasileira, quanto ao conteúdo consistia ainda em uma Educação aristocrática, com um ensino essencialmente acadêmico, livresco e intelectualista e não havia um plano nacional de Educação que traçasse diretrizes gerais para o ensino e conferisse ao sistema escolar uma estrutura unitária.

Com efeito, apesar de um discurso educacional já menos aristocrático, a República não conseguiu ampliar consideravelmente as oportunidades educativas. Assim, a situação após a Primeira Guerra Mundial apresentava-se deficiente quanto ao ensino primário em relação ao ensino médio, e, ainda poucas oportunidades (vagas) eram oferecidas.

O sistema educativo da época era adequado à estagnação social necessária à manutenção dos privilégios existentes e só nas décadas de 1920 e 1930 é que começou a surgir uma cultura educacional mais autenticamente nacional e mais generalizada.

A partir de 1930 começou uma tendência à democratização escolar no Brasil, considerando dois aspectos: a expansão das matrículas e a eliminação das desigualdades formais estabelecidas pela escola.

Lentamente foi ocorrendo uma ampliação das oportunidades de acesso à escola, incluindo o surgimento de leis e normas que de modo relevante interferiram no âmbito do direito à Educação. De modo que, na atualidade, Educação é um direito de todos.

Capítulo 2

O Direito Educacional no Brasil e a considerável demanda por vagas nas escolas públicas

A Declaração dos Direitos Humanos, adotada e proclamada pela Resolução 217 A (III) da Assembleia Geral das Nações Unidas, em 10 de dezembro de 1948 reconheceu a Educação como sendo um direito de toda pessoa, elencando como objetivo principal, a garantia do pleno desenvolvimento da pessoa humana. Esta referida Declaração Universal, em seu art. 26 veio assegurar que:

> *"É na educação dos filhos que se revelam as virtudes dos pais."*
> *(Coelho Neto)*

> *Toda pessoa tem direito à instrução. A instrução será gratuita, pelo menos nos graus elementares e fundamentais. A instrução elementar será obrigatória. A instrução técnico-profissional será acessível a todos, bem como a instrução superior, esta baseada no mérito.*
>
> *A instrução será orientada no sentido do pleno desenvolvimento da personalidade humana e do fortalecimento do respeito pelos direitos humanos e pelas liberdades fundamentais. A instrução promoverá a compreensão, a tolerância e a amizade entre todas as nações e grupos raciais ou religiosos, e coadjuvará as atividades das Nações Unidas em prol da manutenção da paz.*

Pode-se afirmar que esta Resolução imprimiu ainda

maiores avanços na Educação Mundial e atingiu substancialmente o Brasil.

Desse modo, com a Lei 5.692/71, no Brasil fora instituído o ensino de 1º grau de oito anos, igual para todos e estabelecida uma escola única de 2º grau. Instituiu-se ainda a obrigatoriedade da educação para o trabalho, independentemente do nível econômico e origem social das crianças.

"Deixar de educar-se é um suicídio moral. E isso porque, sem desenvolver suas potencialidades, o ser humano impede a eclosão de sua vida em toda a plenitude. Sem aprimorar suas virtualidades espirituais, o indivíduo sufoca em si o que tem de mais elevado ..."

(DI DIO, 1982, p. 91.)

A proposta da Lei 5.692 foi uma medida de política social, positiva, porque visava reestruturar não somente o ensino, porém toda a sociedade brasileira, através de uma transformação profunda do mercado de trabalho.

Ressalta-se ainda que o Estatuto do Estrangeiro (Lei nº. 6.815, de 19 de agosto de 1980) em seu art. 95 (Renumerado pela Lei nº 6.964, de 09/12/81), dispõe que o estrangeiro residente no Brasil goza de todos os direitos reconhecidos aos brasileiros, nos termos da Constituição e das leis, o que garante que os indivíduos, mesmo advindos de nacionalidade estrangeira, se residentes no Brasil gozam do direito à Educação tal qual os brasileiros natos.

A Constituição Federal de 1988 e a Educação

Com a Constituição da República Federativa do Brasil publicada em 05 de outubro de 1988, o direito à Educação adquiriu relevância social basilar e foi preceituado, sobretudo, como um direito fundamental.

A referida Constituição Federal de 1988 trouxe a garantia de uma Educação que visa preparar o indivíduo para ser cidadão, visando ao desenvolvimento pleno da pessoa.

No capítulo III da CF/88, os artigos 205 a 214 tratam especialmente da Educação, lecionando que:

Art. 205 - A educação, direito de todos e dever do Estado e da família, será promovida e incentivada com a colaboração da sociedade, visando ao pleno desenvolvimento da pessoa, seu preparo para o exercício da cidadania e sua qualificação para o trabalho.

Art. 206 - O ensino será ministrado com base nos seguintes princípios:

I- igualdade de condições para o acesso e permanência na escola;

II- liberdade de aprender, ensinar, pesquisar e divulgar o pensamento, a arte e o saber;

III- pluralismo de ideias e de concepções pedagógicas, e coexistência de instituições públicas e privadas de ensino;

IV- gratuidade do ensino público em estabelecimentos oficiais;

V- valorização dos profissionais do ensino, garantidos, na forma da lei, planos de carreira para o magistério público, com piso salarial profissional e ingresso exclusivamente por concurso público de provas e títulos;

VI- gestão democrática do ensino público, na forma da lei;

VII- garantia de padrão de qualidade.

Art. 208 - O dever do Estado com a educação será efetivado mediante a garantia de:

I- ensino fundamental obrigatório e gratuito, assegurada, inclusive, sua oferta gratuita para todos os que a ele não tiveram acesso na idade própria;

II- progressiva universalização do ensino médio gratuito;

III- atendimento educacional especializado aos portadores de deficiência, preferencialmente na rede regular de ensino;

IV- atendimento em creche e pré-escola (...);

(...)

VII- atendimento ao educando, no ensino fundamental, através de programas suplementares de material didático-escolar, transporte, alimentação e assistência à saúde.

§ 1º- O acesso ao ensino obrigatório e gratuito é direito público subjetivo.

§ 2º- O não-oferecimento do ensino obrigatório pelo Poder Público, ou sua oferta irregular, importa responsabilidade da autoridade competente.

§ 3º- Compete ao Poder Público recensear os educandos no ensino fundamental, fazer-lhes a chamada e zelar, junto aos pais ou responsáveis, pela frequência à escola.

Art. 209 - O ensino é livre à iniciativa privada, atendidas as (...) condições:

(...)

Art. 214- A lei estabelecerá o plano nacional de educação, de duração plurianual, visando à articulação e ao desenvolvimento do ensino em seus diversos níveis e à integração das ações do Poder Público que conduzam à:

erradicação do analfabetismo;

universalização do atendimento escolar;

melhoria da qualidade do ensino;

IV- formação para o trabalho;

V- promoção humanística, científica e tecnológica do País.

Como visto nos artigos acima, a Constituição de 1988

garantiu Educação a todos e as leis infraconstitucionais posteriores, tais como a LDB e o ECA fizeram com que esta Educação passasse a ser efetivamente regulamentada, trazendo não apenas garantia, mas subsidiando com medidas jurídicas, de modo que fossem também previstos meios para a sua efetividade, especialmente para as crianças e adolescentes, grupo este que alcançou, pela lei 8.069/90 a garantia de uma proteção integral, diferente do previsto no antigo Código de Menores.

No art. 205 da CF/88 preceituou-se ainda que a Educação é um direito de todos e dever do Estado e da família. Assim, houve, a partir disso, consideráveis alterações na Educação brasileira, acarretando avanços no sentido de garantir igualdade de oportunidade educacional sistematizada a todos, independentemente de idade, origem ou classe social, diferente da situação anterior ao período democrático estatuído pela Constituição de 1988.

Em 1990 ocorreu ainda na Tailândia a Conferência Mundial de Educação para Todos. Esta fora patrocinada pelo Programa das Nações Unidas para a Educação, a Ciência e a Cultura (UNESCO), pelo Fundo das Nações Unidas para a Infância (UNICEF) e pelo Banco Mundial. Nesta conferência objetivou-se universalizar o acesso à Educação, ampliar o alcance e os meios para a promoção da Educação Básica.

Diante disso, o Brasil assumiu o compromisso de implementar ações afirmativas para concretização desta finalidade, cumprindo, portanto, o disposto em 1988 pela Constituição Federal que em seu art. 205 já preceituava a Educação como um direito de todos e dever do Estado e da família, a ser promovida e incentivada com a colaboração da sociedade, visando ao pleno desenvolvimento da pessoa, seu preparo para o exercício da cidadania e a qualificação para o trabalho.

> *O direito-dever da educação não é de caráter facultativo, mas de natureza imperativa.* **De um lado, o indivíduo pode exigir que o estado o eduque. De outro, o estado pode exigir que o indivíduo seja educado** *(grifo nosso). Assim como o direito à educação é corolário do direito à vida, da mesma forma a educação é irrenunciável tanto quanto o é a vida. É crime tentar suicidar-se. Deixar de educar-se é um suicídio moral. E isso porque, sem desenvolver suas potencialidades, o ser humano impede a eclosão de sua vida em toda a plenitude. Sem aprimorar suas virtualidades espirituais, o indivíduo sufoca em si o que tem de mais elevado, matando o que tem de humano para subsistir apenas como animal. Continua como ser vivo, conservando o gênero, mas perece como homem, eliminando a diferença específica. (DI DIO, 1982, p. 91.)*

O acesso à Educação sistematizada, por fim, é um direito fundamental, com norma cogente e de aplicabilidade imediata e em razão disso, caso o Estado não crie oportunidades de vagas nas escolas, pode-se peticionar (e até exigir) tal garantia diretamente através do Judiciário ou através do Ministério Público. E este pautado no art.129 da CF/88 cumprindo uma de suas funções institucionais, caso não solucione o impasse administrativamente, poderá promover uma ação civil pública ou impetrar um mandado de segurança contra o ente federativo responsável pela garantia de tal direito, sendo a União, Estado ou Município, de acordo com o nível de ensino respectivo.

> *Cuidando-se do tema ligado à educação, amparada constitucionalmente como dever do Estado e obrigação de todos, está o Ministério Público investido da capacidade postulatória, patente a legitimidade ad causam, quando o bem que se busca resguardar se insere na órbita dos interesses coletivos, em segmento de extrema delicadeza e de conteúdo*

social tal que, acima de tudo, recomenda-se o abrigo estatal.[1]

Acrescenta-se ainda que referente às evoluções supramencionadas trazidas ao Brasil, visando garantir imperiosamente o direito à Educação através da CF, o doutrinador e jurista José Afonso da Silva (2006, p. 312-313) analisa que:

> *Todos têm o direito à educação e o Estado tem o dever de prestá-la, assim como a família.*
>
> *A norma assim explicitada "A educação, direito de todos e dever do Estado e da família [...]" (art. 225 e 227), significa, em primeiro lugar, que o Estado tem que aparelhar-se para fornecer, a todos, os princípios estatuídos na Constituição (art. 206); que ele tem que ampliar cada vez mais as possibilidades de que todos venham a exercer, igualmente esse direito; e, em segundo lugar, que todas as normas da Constituição, sobre educação e ensino, hão de ser interpretadas em função daquela declaração e no sentido de sua plena e efetiva realização. A Constituição mesmo já considerou que o acesso ao ensino fundamental, obrigatório e gratuito, é direito público subjetivo;* **equivale reconhecer que é direito plenamente eficaz e de aplicabilidade imediata,** *(grifo nosso) isto é, direito exigível judicialmente, se não for prestado espontaneamente.*
>
> *As normas têm, ainda, o significado jurídico de elevar a educação à categoria de serviço público essencial que ao Poder Público impende possibilitar a todos. Daí a preferência constitucional pelo ensino público, pelo que a iniciativa privada, nesse campo, embora livre, é, no entanto, meramente secundária e condicionada (art. 209 e 213).*

Pela doutrina constitucional, o direito à Educação é direito público subjetivo, plenamente eficaz e de aplicabilidade imediata, como antes já relatado, de modo que, basta ao indivíduo manifestar-se através dos órgãos devidos exigindo o seu

---

[1] RE 163.231, Rel. Min. Maurício Corrêa, DJ 29/06/01. A constituição e o supremo.

cumprimento.

Tem-se claro ainda nos artigos 208 e 209 da Constituição Federal Brasileira que o dever do Estado com a educação será efetivado mediante a garantia de:

I – ensino fundamental obrigatório e gratuito, assegurada, inclusive, sua oferta gratuita para todos os que a ele não tiveram acesso na idade própria;

II – progressiva universalização do ensino médio gratuito;

III – atendimento educacional especializado aos portadores de deficiência, preferencialmente na rede regular de ensino;

IV – educação infantil, em creche e pré-escola (...);

V – acesso aos níveis mais elevados do ensino, da pesquisa e da criação artística, segundo a capacidade de cada um;

VI – oferta de ensino noturno regular, adequado às condições do educando;

VII – atendimento ao educando, no ensino fundamental, através de programas suplementares de material didático-escolar, transporte, alimentação e assistência à saúde.

O § 1º do art. 208 da referida lei enfatiza que **o acesso ao ensino obrigatório e gratuito é direito público subjetivo** (grifos meus), complementando-se com o § 2º de que o não-oferecimento do ensino obrigatório pelo Poder Público, ou sua oferta irregular, importa responsabilidade da autoridade competente, incumbindo ao Poder Público recensear os educandos no ensino fundamental, fazer-lhes a chamada e *zelar, junto aos pais ou responsáveis, pela frequência à escola* § 3º (grifos meus).

Ao passo que o Poder Público tem o dever de promover Educação, o art. 209 da CF/88, em *caráter permissivo* possibilita sua prestação às instituições privadas, postulando que o ensino é livre à iniciativa privada, se atendidas algumas condições, a saber: I – cumprimento das normas gerais da educação nacional; II – autorização e avaliação de qualidade pelo Poder Público.

Assim, a educação escolar (sistematizada), quando prestada pelo Estado sob regime jurídico-administrativo é um serviço público que pode ser exigido por todos os indivíduos brasileiros ou estrangeiros residentes no país. A oferta do ensino básico é oferta obrigatória e a lei que a disciplina é de eficácia plena. Nesse sentido afirma Regina Maria Muniz (2002, p. 122) que:

> *As normas constitucionais que disciplinam o direito à educação, ora visto como integrante do direito à vida, ora como direito social, hão de ser entendidas como de eficácia plena e aplicabilidade imediata, produzindo efeitos jurídicos, onde todos são investidos no direito subjetivo público, com o efetivo exercício e gozo, indispensáveis para o pleno desenvolvimento da pessoa, seu preparo para o exercício da cidadania e sua qualificação para o trabalho.*

As garantidas vagas para a Educação sistematizada podem ser atendidas em escola pública ou privada, destarte, em ambos os casos, compete ao Estado garantir e proceder à devida fiscalização. E acerca da existência de escolas tanto públicas como privadas, a doutrinadora de Direito Educacional Dâmares Ferreira (2004, p 41-42), ainda observa que:

> *A coexistência de escolas públicas e privadas levou o constituinte a fixar normas distintas para cada setor, especialmente em função da natureza dos interesses do Estado e dos particulares. Para a escola pública foi imputado o regime jurídico-administrativo público para regular as relações jurídico-administrativo entre: Estado/educando, estado/escola e escola/educando; já para a escola privada, o Constituinte fixou o regime jurídico-empresarial privado.*
>
> *(...)*
>
> *As relações jurídicas entre escolas privadas e seus consumidores são de natureza privada; o direito privado subjeti-*

vo de utilização dos serviços educacionais privados nasce de contratos regulados pela legislação civil e consumerista.

Portanto, as escolas públicas, sem infringir a Constituição Federal, aplicarão regime jurídico-administrativo, ao passo que as privadas obedecerão à Constituição e ao disposto nos contratos de natureza civil e comercial firmados entre as partes.

Apesar da coexistência de escolas privadas e públicas, cabe ao Estado e de igual parcela à família o dever de promover Educação que possibilite o desenvolvimento da pessoa de modo pleno, prepare esse indivíduo para o exercício da cidadania e a devida qualificação para o trabalho.

E quanto à sociedade, cabe secundariamente o dever de colaborar para a garantia da Educação. À esfera privada compete a faculdade de, secundariamente, promover ou não a Educação, ao Estado e à família, precipuamente, cabem o dever de primariamente provê-la.

Analisando os objetivos educacionais defendidos pela Constituição Federal de 1988, a doutora Zélia Luiza Pierdoná analisa que tais objetivos estão relacionados aos fundamentos do Estado brasileiro, preceituados nos incisos do art. 1º da Carta Magna: dignidade da pessoa humana, cidadania e valor social do trabalho, que demonstram que a educação é um instrumento de eficácia dos mencionados fundamentos. E somente com sua efetividade é que se pode construir o Estado democrático de direito desenhado na Constituição de 1988.[2]

Quando postulado pela CF que a Educação visa ao exercício da cidadania tem-se que, não há, contudo, como falar de Educação sem relacioná-la à busca de direitos e ao exercício dos

---

2   PIERDONÁ, Zélia Luiza. Direito Educacional em Debate. V. I, p 129, 2004.

deveres.

Cidadania nos dias de hoje, não mais pode ser concebida de forma restrita como a possibilidade de "participação política por meio de voto (...)." A visão é muito mais ampla e genérica, uma vez que este requisito, a partir da atual Constituição não mais vigora, posto que é facultativo o voto para o analfabeto. Atualmente, **cidadania requer um cidadão que conheça e lute por seus direitos, mas que também tenha ciência de suas obrigações, de seus deveres** *(grifo nosso).³*

Quando postulado pela CF que a Educação visa ao exercício da cidadania tem-se que "não há, contudo, como falar de Educação sem relacioná-la à busca de direitos e ao exercício dos deveres".

Partindo dessas observações, entende-se que a Constituição Federal Brasileira de 1988 visa assegurar uma Educação capaz de gerar e imprimir em cada aluno (educando) a cidadania, a consciência de direitos aliados a deveres, busca a existência de uma Educação pautada na equidade, no equilíbrio, visando uma cidadania consciente na qual o indivíduo conhecedor de seus direitos, em contrapartida respeite os direitos que também são inerentes aos demais, cumprindo, portanto, seus deveres jurídicos, sociais, e no presente caso, educacionais.

---

3   Luiz Antonio Miguel Ferreira, promotor de Justiça da Infância e da Juventude do Ministério Público do Estado de São Paulo e membro da Associação Brasileira de Magistrados, Promotores de Justiça e Defensores Públicos da Infância e Juventude (ABMP).

A Lei de Diretrizes e Bases da Educação (LDB) de 1996 e a educação dos indivíduos na menoridade

A lei 9.394/1996 (LDB) caracteriza a Educação com um conceito amplo, conduzindo ao entendimento de que esta não se processa apenas com o currículo escolar. Segundo a referida lei educacional "a educação abrange os processos formativos que se desenvolvem na vida familiar, na convivência humana, no trabalho, nas instituições de ensino e pesquisa, nos movimentos sociais e organizações da sociedade civil e nas manifestações culturais".

> *Educação deve estar pautada na equidade, no equilíbrio, visando a uma cidadania consciente na qual o indivíduo conhecedor de seus direitos, em contrapartida respeite os direitos que também são inerentes aos demais.*

Apesar de a LDB conceituar a Educação em seus múltiplos aspectos (sistemático e assistemático), a LDB, contudo, é lei disciplinadora em sua maioria da educação escolar (sistematizada), que se desenvolve, predominantemente, por meio do ensino, em instituições próprias (LDB, art.1º, § 1º).

Já segundo o art. 3º desta lei:

"o ensino será ministrado com base nos princípios de:

I - igualdade de condições para o acesso e permanência na escola;

II - liberdade de aprender, ensinar, pesquisar e divulgar a cultura, o pensamento, a arte e o saber;

III - pluralismo de ideias e de concepções pedagógicas;

IV - respeito à liberdade e apreço à tolerância;

V - coexistência de instituições públicas e privadas de ensino;

VI - gratuidade do ensino público em estabelecimentos oficiais;

VII - valorização do profissional da educação escolar;

VIII - gestão democrática do ensino público, na forma desta Lei e da legislação dos sistemas de ensino;

IX - garantia de padrão de qualidade;

X - valorização da experiência extra-escolar;

XI - vinculação entre a educação escolar, o trabalho e as práticas sociais.

XII - consideração com a diversidade étnico-racial.

Analisa-se, que atualmente incube ao Poder Público o dever de educar de modo sistemático desde a idade de 04 anos.

Em suma, a responsabilidade e o dever de educar sistematicamente competem à União, aos estados e aos municípios. Observe o que diz a LDB:

DO DIREITO À EDUCAÇÃO E DO DEVER DE EDUCAR

Art. 4º O DEVER DO ESTADO com educação escolar pública será efetivado mediante a garantia de:

I - educação básica obrigatória e gratuita dos 4 (quatro) aos 17 (dezessete) anos de idade, organizada da seguinte forma:

a) pré-escola;

b) ensino fundamental;

c) ensino médio;

II - educação infantil gratuita às crianças de até 5 (cinco) anos de idade;

III - atendimento educacional especializado gratuito aos educandos com deficiência, transtornos globais do desenvolvimento e altas habilidades ou superdotação, transversal a todos os níveis, etapas e modalidades, preferencialmente na rede regular de ensino;

IV - acesso público e gratuito aos ensinos fundamental e médio para todos os que não os concluíram na idade própria;

V - acesso aos níveis mais elevados do ensino, da pesquisa e da criação artística, segundo a capacidade de cada um;

VI - oferta de ensino noturno regular, adequado às condições do educando;

VII - oferta de educação escolar regular para jovens e adultos, com características e modalidades adequadas às suas necessidades e disponibilidades, garantindo-se aos que forem trabalhadores as condições de acesso e permanência na escola;

VIII - atendimento ao educando, em todas as etapas da educação básica, por meio de programas suplementares de material didático-escolar, transporte, alimentação e assistência à saúde;

IX - padrões mínimos de qualidade de ensino, definidos como a variedade e quantidade mínimas, por aluno, de insumos indispensáveis ao desenvolvimento do processo de ensino-aprendizagem.

X – vaga na escola pública de educação infantil ou de ensino fundamental mais próxima de sua residência a toda criança a partir do dia em que completar 4 (quatro) anos de idade.

Art. 6º É DEVER DOS PAIS OU RESPONSÁVEIS efetuar a matrícula das crianças na educação básica a partir dos 4 (quatro) anos de idade.

Art. 7º O ensino é livre à iniciativa privada, atendidas as seguintes condições:

I - cumprimento das normas gerais da educação nacional e do respectivo sistema de ensino;

II - autorização de funcionamento e avaliação de qualidade pelo Poder Público;

III - capacidade de autofinanciamento, ressalvado o previsto no art. 213 da Constituição Federal.

Art. 10. OS ESTADOS INCUMBIR-SE-ÃO DE:

I - organizar, manter e desenvolver os órgãos e instituições oficiais dos seus sistemas de ensino;

II - definir, com os Municípios, formas de colaboração na oferta do ensino fundamental, as quais devem assegurar a distribuição proporcional das responsabilidades, de acordo com a população a ser atendida e os recursos financeiros disponíveis em cada uma dessas esferas do Poder Público;

III - elaborar e executar políticas e planos educacionais, em consonância com as diretrizes e planos nacionais de educação, integrando e coordenando as suas ações e as dos seus Municípios;

IV - autorizar, reconhecer, credenciar, supervisionar e avaliar, respectivamente, os cursos das instituições de educação superior e os estabelecimentos do seu sistema de ensino;

V - baixar normas complementares para o seu sistema de ensino;

VI - assegurar o ensino fundamental e oferecer, com prioridade, o ensino médio a todos que o demandarem, respeitado o disposto no art. 38 desta Lei;

VII - assumir o transporte escolar dos alunos da rede estadual.

Parágrafo único. Ao Distrito Federal aplicar-se-ão as competências referentes aos Estados e aos Municípios.

ART. 11. OS MUNICÍPIOS INCUMBIR-SE-ÃO DE:

I - organizar, manter e desenvolver os órgãos e instituições oficiais dos seus sistemas de ensino, integrando-os às políticas e planos educacionais da União e dos Estados;

II - exercer ação redistributiva em relação às suas escolas;

III - baixar normas complementares para o seu sistema de ensino;

IV - autorizar, credenciar e supervisionar os estabelecimentos do seu sistema de ensino;

V - oferecer a educação infantil em creches e pré-escolas, e, com prioridade, o ensino fundamental, permitida a atuação em outros níveis de ensino somente quando estiverem atendidas plenamente as necessidades de sua área de competência e com recursos acima dos percentuais mínimos vinculados pela Constituição Federal à manutenção e desenvolvimento do ensino.

VI - assumir o transporte escolar dos alunos da rede municipal.

Parágrafo único. Os Municípios poderão optar, ainda, por se integrar ao sistema estadual de ensino ou compor com ele um sistema único de educação básica.

Art. 12. OS ESTABELECIMENTOS DE ENSINO, RESPEITADAS AS NORMAS COMUNS E AS DO SEU SISTEMA DE ENSINO, TERÃO A INCUMBÊNCIA DE:

I - elaborar e executar sua proposta pedagógica;

II - administrar seu pessoal e seus recursos materiais e financeiros;

III - assegurar o cumprimento dos dias letivos e horas-aula estabelecidas;

IV - velar pelo cumprimento do plano de trabalho de cada docente;

V - prover meios para a recuperação dos alunos de menor rendimento;

VI - articular-se com as famílias e a comunidade, criando processos de integração da sociedade com a escola;

VII - informar pai e mãe, conviventes ou não com seus filhos, e, se for o caso, os responsáveis legais, sobre a frequência e rendimento dos alunos, bem como sobre a execução da proposta pedagógica da escola;

VIII – notificar ao Conselho Tutelar do Município, ao juiz competente da Comarca e ao respectivo representante do Ministério Público a relação dos alunos que apresentem quantidade de faltas acima de cinquenta por cento do per-

centual permitido em lei.

Art. 13. OS DOCENTES INCUMBIR-SE-ÃO DE:

I - participar da elaboração da proposta pedagógica do estabelecimento de ensino;

II - elaborar e cumprir plano de trabalho, segundo a proposta pedagógica do estabelecimento de ensino;

III - zelar pela aprendizagem dos alunos;

IV - estabelecer estratégias de recuperação para os alunos de menor rendimento;

V - ministrar os dias letivos e horas-aula estabelecidos, além de participar integralmente dos períodos dedicados ao planejamento, à avaliação e ao desenvolvimento profissional;

VI - colaborar com as atividades de articulação da escola com as famílias e a comunidade.

Art. 14. OS SISTEMAS DE ENSINO definirão as normas da gestão democrática do ensino público na educação básica, de acordo com as suas peculiaridades e conforme os seguintes princípios:

I - participação dos profissionais da educação na elaboração do projeto pedagógico da escola;

II - participação das comunidades escolar e local em conselhos escolares ou equivalentes.

Art. 15. Os sistemas de ensino assegurarão às unidades escolares públicas de educação básica que os integram progressivos graus de autonomia pedagógica e administrativa e de gestão financeira, observadas as normas gerais de direito financeiro público.

Analisando-se o disposto na legislação especial da Educação brasileira (LDB), como retromencionado, tem-se que a responsabilidade pela oferta do ensino escolar compete à União, aos Estados e aos Municípios, de acordo com o nível de ensino regulado em lei. Ainda compete aos sistemas de ensino definição das normas da gestão democrática do ensino público na educação básica, de acordo com as suas peculiaridades e às suas instituições compete à criação de sua respectiva proposta pedagógica, visando, sobretudo, à aprendizagem dos alunos e à qualidade da educação destes.

A LDB dispõe e assegura ainda aos portadores de necessidades especiais, assim mencionados no art. 208 da CF/88, a gratuidade para o atendimento educacional especializado preferencialmente na rede regular de ensino. Isto pressupõe que os alunos portadores de necessidades especiais devem ser agregados ao meio social escolar, o que deve ocorrer desde a educação infantil.

Tal questão tem levantado inúmeras discussões, considerando que ao passo que o aluno portador de necessidades especiais tem o direito de frequentar a escola, nem sempre existem nela espaço adequado e profissionais qualificados para fazerem tal atendimento.

Quando há profissionais especializados, em alguns casos nem sempre é possível trabalhar as habilidades de um aluno portador de necessidades especiais integrado aos demais alunos, isso devido às especificidades de alguns casos.

Segundo o art. 58 da LDB "entende-se por educação especial, para os efeitos daquela lei, a modalidade de educação escolar, oferecida preferencialmente na rede regular de ensino, para educandos portadores de necessidades especiais." O § 1º do mesmo artigo acresce a obrigatoriedade de haver, quando necessário, serviços de apoio especializado, na escola regular, para atender às peculiaridades da clientela de educação especial.

De tal modo, o Estado, segundo o art. 208 da CF/88 e o art. 58 da LDB tem o dever de garantir atendimento aos alunos portadores de necessidades especiais, deve prover currículos, métodos, técnicas, recursos educativos e organização específicos, para atender tais necessidades, além de um quadro profissional de professores, com formação especializada para tal atendimento (art. 59, III).

Não sendo possível promover tal atendimento na rede regular de ensino em decorrência das especificidades do educando portador de necessidades especiais, o § 2º do art. 58 discorre que o atendimento educacional será feito em classes, escolas ou serviços especializados, *sempre que, em função das condições específicas dos alunos, não for possível a sua integração* nas classes comuns de ensino regular (grifos nossos).

Apesar de existir em algumas regiões do Brasil grande dificuldade de acesso à escola, ao longo dos anos, observa-se que de modo gradativo, no Brasil, o direito à Educação tem sido implementado e garantido a uma grande maioria pelo Estado, sem distinção de idade. Entretanto, o art. 6º da atual LDB aborda esse direito, com prioridade, aos indivíduos na menoridade.

Segundo Redação dada pela Lei nº. 12.796, de 2013, é dever dos pais ou responsáveis efetuarem a matrícula dos menores na educação básica a partir dos quatro anos de idade.

Tem-se notícia de que uma família de Campinas (SP), proporcionava aos seus filhos, na residência familiar a sistematização do ensino, sem, no entanto matriculá-los em uma instituição de ensino, alegando receio à violência urbana e os valores familiares que desejavam imprimir na educação dos filhos. Ressaltando, sobretudo, que possuía contrato com uma instituição que aplicava as avaliações de desempenho, de modo que a transmissão de conhecimentos em casa fosse associada às avaliações que comumente são aplicadas nas instituições escolares.

Tal fato chegou ao Tribunal Superior. O Conselho Estadual de Educação do estado de São Paulo, para uma análise mais precisa sobre como proceder, consultou o Conselho Nacional de Educação - CNE com o objetivo de firmar um parecer. E a resposta foi clara, no sentido de expor que "salvo melhor juízo, não encontro na Lei nº. 9.394/96, de 20 de dezembro de 1996, Lei de Diretrizes e Bases da Educação Nacional, nem da Constituição da República Federativa do Brasil, abertura para que se permita a uma família não cumprir a exigência da matrícula obrigatória na escola de ensino fundamental."

A referida família impetrou Mandado de Segurança ao Superior Tribunal de Justiça - STJ e este confirmando o entendimento já disposto pelo Conselho Nacional de Educação concluiu, posicionando-se da forma seguinte:

> *Os filhos não são dos pais, como pensam os autores. São pessoas com direitos e deveres, cujas personalidades se devem forjar (...) em meio a iguais, no convívio formador da cidadania. Aos pais cabem, sim, as obrigações de manter e educar os filhos consoante a Constituição e as Leis do país, asseguradoras do direito do menor à escola (...).*

Partindo deste posicionamento do STJ, a família, embora possua o direito e o dever de educar os filhos de modo assistemático, com aquela "educação que vem de berço", a lei não autoriza que a educação Sistemática seja feita pelos pais sem a presença de uma instituição de educação sistematizada, qual seja a Escola.

Segundo a CF/88, o dever inerente à Educação pertence sim à família, mas também ao Estado (art. 205), com a devida contribuição da sociedade.

A atual LDB, Lei 9.394, sancionada em 20 de dezembro de 1996 trouxe diversas mudanças em relação às leis anteriores, como a inclusão da educação escolar infantil como primeira etapa da educação básica. Anterior à LDB, o Brasil já possuía duas Leis de Diretrizes e Bases para a Educação Nacional. Quais sejam as leis de número 4.024/61 e 5.692/71.

Com Redação dada pela Lei nº 11.274, de 2006, o ensino obrigatório e gratuito na escola pública, visando a formação básica do cidadão deveria iniciar aos 6 (seis) anos de idade. Contudo, lei posterior antecipou esta idade de 06 para 04 anos.

Publicada em 04 de abril de 2013 (publicada no DOU de 5.4.2013), a Lei 12.796 em seu artigo 6º estabelece que os pais ou responsáveis devem matricular as crianças desde os 04 anos de idade, iniciando-se da data da publicação da referida lei.

Assim, a educação infantil será oferecida em pré-escolas para as crianças de 04 a 05 anos, nos moldes do artigo 30, II, da Lei 12.796/13 de modo que aos 06 anos dar-se-á início ao ensino fundamental, também em caráter obrigatório.

Conforme já preceituado, os administradores públicos deverão cumprir esta lei propiciando as vagas necessárias, sob pena de incorrerem em crime de responsabilidade (artigo 5º, § 4º, da LDB- Lei nº 9.394/96). E caso os pais não respeitem a nova legislação em vigor matriculando seus filhos desde os 04 anos de idade, os custos com a multa respectiva podem ser de três a vinte salários mínimos, aplicados em dobro em caso de reincidência, nos termos daquilo que dispõe o artigo 249 do ECA, além da pena de detenção descrita no artigo 246 do Código Penal.

Assim, os pais ou responsáveis possuem o dever de manter os seu filhos matriculados, seja em instituição de ensino pública ou privada, a partir dos 04 anos de idade. De forma que seja desenvolvida a capacidade de aprender, para o pleno domínio da leitura, da escrita e do cálculo, compreendendo o ambiente natural e social, o sistema político, a tecnologia, as artes e os valores em que se fundamenta a sociedade adquirindo capacidade de aprendizagem, tendo em vista a aquisição de conhecimentos e habilidades e a formação de atitudes e valores, ressaltando-se o fortalecimento dos vínculos de família, dos laços de solidariedade humana e de tolerância recíproca em que se assenta a vida social.

O art. 4º atualizado da LDB diminuiu de seis para quatro anos a idade da criança para ingresso obrigatório no Ensino Escolar, resta, portanto, incontroverso que desde os 04 anos de idade a criança possui direito a conhecimentos sistematizados, constituído como dever dos pais ou responsáveis o ato de realizarem as respectivas matrículas, sob pena de incorrerem no crime de abandono intelectual tipificado no Código Penal, em seu art. 246. E o referido artigo penal assevera que "deixar, sem justa causa, de prover à instrução primária de filho em idade escolar a pena é de detenção, de 15 (quinze) dias a 1 (um) mês, ou multa".

Merece igual atenção ainda o disposto no art. 34 da Lei 9394/199, ao dispor que:

A jornada escolar no ensino fundamental incluirá pelo menos quatro horas de trabalho efetivo em sala de aula, sendo progressivamente ampliado o período de permanência na escola.

§ 1º São ressalvados os casos do ensino noturno e das formas alternativas de organização autorizadas nesta Lei.

§ 2º O ensino fundamental será ministrado progressiva-

mente em tempo integral, a critério dos sistemas de ensino.

Segundo preceituado pelo art. 24 da referida lei, a educação básica, nos níveis fundamental e médio, será organizada de acordo com (...) I - a carga horária mínima anual será de oitocentas horas para o ensino fundamental e para o ensino médio, distribuídas por um mínimo de duzentos dias de efetivo trabalho escolar, excluído o tempo reservado aos exames finais, quando houver (Redação dada pela Lei nº 13.415, de 2017).

Insta ainda por analisar tal dispositivo em paralelo com o art. 34 (LDB), onde informa que além de cumprir o mínimo de horas anual, a jornada escolar dos alunos que estudam em período diurno, no ensino fundamental (etapa na qual se encontram matriculados a maioria das crianças e adolescentes), incluirá pelo menos quatro horas de trabalho efetivo em sala de aula, sendo progressivamente ampliado o período de permanência na escola.

Segundo o estudioso Carlos da Fonseca Brandão, deve-se considerar que houve um critério injusto não incluir os alunos do período noturno nesta lei, entretanto, segundo ele, não havendo condições estruturais, materiais e financeiras, os sistemas de ensino poderão cumprir tal norma a curto, médio ou longo prazos.

Instituído em 2007, o Programa Mais Educação, segundo informações do MEC (Ministério da Educação), a tendência no Brasil é que todas escolas públicas, de modo progressivo tornem-se de tempo integral, ou seja, com 2 turnos de aulas.

É esperado, desse modo, que ano a ano os alunos permaneçam maior tempo na Escola. Para tratar da necessidade de melhor ampliação de conhecimento e proteção individual desses alunos em fase de desenvolvimento, o parágrafo 5º do art. 32 da nova LDB, incluído pela Lei nº. 11.525, de 2007 dispõe que o currículo do ensino fundamental incluirá, obrigatoriamente, conteúdo que trate dos direitos das crianças e dos adolescentes, tendo como diretriz a Lei nº 8.069, de 13 de julho de 1990, que institui o Estatuto da Criança e do Adolescente (ECA), observada a produção e distribuição de material didático adequado.

Como dito de modo introdutório, tal exigência da LDB trouxe um avanço positivo, contudo, em muitos casos agitou as estruturas dos agentes envolvidos no processo educacional. No entanto, devido às especificidades e peculiaridades da idade, muitos alunos quando orientados sobre seus direitos ainda não assimilam que também possuem obrigações. Muitos pais não sabem o que dizer nem como informar seus filhos, pois de posse do conhecimento de uma lista de direitos, estes se confundem no meio do processo e não conseguem vislumbrar o direito ao respeito que os demais membros da sociedade também possuem .

Em razão disso, críticas diversas surgiram contra estas leis que protegem os direitos das crianças e dos adolescentes.

Pergunta-se:

O problema é da lei que visa proteger o indivíduo na menoridade ou da interpretação equivocada que é feita do texto desta norma?

Esta lei criou um caos social porque mostrou a amplitude da necessidade de proteção e liberdade que crianças e adoles-

Não prospera a alegação de que criança e adolescente não possuam deveres educacionais. O Eca considera o indivíduo na tenra idade (criança e adolescente) como um sujeito de direitos que deve ser protegido, considerando a fase de desenvolvimento desses indivíduos, sem, contudo, excluir os deveres que lhe são inerentes.

cente precisam ter ou tais crianças e adolescentes interpretaram a liberdade a seu próprio favor deixando de analisar o direito do outro, a liberdade do outro, a necessidade de respeito ao outro?!

Em razão destas questões, analisar-se-á, a seguir, ainda que sucintamente, o ECA e sua interpretação no âmbito social e educacional.

O Estatuto da Criança e do Adolescente (ECA) e a Educação

Em 13 de julho de 1990, substituindo o Código de Menores de 1979 e obedecendo ao disposto no art. 227 da Constituição Federal de 1988, foi promulgada a Lei nº 8.069, Estatuto da Criança e do Adolescente visando assegurar direitos às crianças e aos adolescentes.

A princípio é necessário esclarecer que, ao interpretar o ECA deve-se observar que a regra e as orientações de como esta Lei deve ser interpretada encontram-se no próprio Eca.

Em seu artigo 6º o referido Estatuto traz a regra de como deve ser interpretado:

> *Art. 6º Na interpretação desta Lei levar-se-ão em conta os fins sociais a que ela se dirige, as exigências do bem comum, os direitos e deveres individuais e coletivos, e a condição peculiar da criança e do adolescente como pessoas em desenvolvimento.*

Assim, não prospera a alegação de que criança e adolescente não possuam deveres educacionais. O Eca considera o indivíduo na tenra idade (criança e adolescente) como um sujeito de direitos que deve ser protegido, considerando a fase de desenvolvimento desses indivíduos, sem, contudo, excluir os deveres que lhes são inerentes.

O Eca se ocupou de listar direitos, contudo, conforme lido no artigo 6º acima, na interpretação de cada artigo do referido Estatuto, levar-se-ão em conta os fins sociais a que ele se dirige, as exigências do bem comum, os direitos e deveres individuais e coletivos.

Protegendo este aluno que possui também deveres, em seu artigo 4º, tratando da Educação, o estatuto diz que:

É dever da família, da comunidade, da sociedade em geral e do Poder Público assegurar, com absoluta prioridade, a efetivação dos direitos referentes à vida, à saúde, à alimentação, **à educação** *(grifo nosso), ao esporte, ao lazer, à profissionalização, à cultura, à dignidade, ao respeito, à liberdade e à convivência familiar e comunitária.*

Ao longo de seu texto, o Estatuto da Criança e do Adolescente discorre sobre as políticas públicas referentes à saúde, EDUCAÇÃO, adoção, tutela e ainda trata de questões relacionadas aos indivíduos que, na menoridade cometerem atos infracionais.

O ECA dispõe um capítulo dedicado em especial à Educação. O capítulo IV daquela lei, incluindo do art. 53 ao 59 discorre sobre o Direito à Educação de modo a garantir que:

Art. 53. A criança e o adolescente têm direito à educação, visando ao pleno desenvolvimento de sua pessoa, preparo para o exercício da cidadania e qualificação para o trabalho, assegurando-se-lhes:

I - igualdade de condições para o acesso e permanência na escola;

II - direito de ser respeitado por seus educadores;

III - direito de contestar critérios avaliativos, podendo recorrer às instâncias escolares superiores;

IV - direito de organização e participação em entidades estudantis;

V - acesso à escola pública e gratuita próxima de sua residência.

Parágrafo único. É direito dos pais ou responsáveis ter ciência do processo pedagógico, bem como participar da definição das propostas educacionais.

Art. 54. É dever do Estado assegurar à criança e ao adolescente:

I - ensino fundamental, obrigatório e gratuito, inclusive para os que a ele não tiveram acesso na idade própria;

II - progressiva extensão da obrigatoriedade e gratuidade ao ensino médio;

III - atendimento educacional especializado aos portadores de deficiência, preferencialmente na rede regular de ensino;

IV - IV – atendimento em creche e pré-escola às crianças de zero a cinco anos de idade; (Redação dada pela Lei nº 13.306, de 2016);

V - acesso aos níveis mais elevados do ensino, da pesquisa e da criação artística, segundo a capacidade de cada um;

VI - oferta de ensino noturno regular, adequado às condições do adolescente trabalhador;

VII - atendimento no ensino fundamental, através de programas suplementares de material didático-escolar, transporte, alimentação e assistência à saúde.

§ 1º O acesso ao ensino obrigatório e gratuito é direito público subjetivo.

§ 2º O não oferecimento do ensino obrigatório pelo poder público ou sua oferta irregular importa responsabilidade da autoridade competente.

§ 3º Compete ao poder público recensear os educandos no ensino fundamental, fazer-lhes a chamada e zelar, junto aos pais ou responsável, pela frequência à escola.

Art. 55. Os pais ou responsável têm a obrigação de matricular seus filhos ou pupilos na rede regular de ensino.

Art. 56. Os dirigentes de estabelecimentos de ensino fundamental comunicarão ao Conselho Tutelar os casos de:

I - maus-tratos envolvendo seus alunos;

II - reiteração de faltas injustificadas e de evasão escolar, esgotados os recursos escolares;

III - elevados níveis de repetência.

Art. 57. O poder público estimulará pesquisas, experiências e novas propostas relativas a calendário, seriação, currículo, metodologia, didática e avaliação, com vistas à inserção de crianças e adolescentes excluídos do ensino fundamental obrigatório.

Art. 58. No processo educacional respeitar-se-ão os valores culturais, artísticos e históricos próprios do contexto social da criança e do adolescente, garantindo-se a estes a liberdade da criação e o acesso às fontes de cultura.

Art. 59. Os municípios, com apoio dos estados e da União, estimularão e facilitarão a destinação de recursos e espaços para programações culturais, esportivas e de lazer voltadas para a infância e a juventude.

Em decorrência da violência existente na sociedade brasileira, ainda pelo aumento do número de alunos na escola, pela falta de maturidade dos alunos que é decorrente da idade, aliada à falta de preparo de alguns pais e pela negligência educacional de muitas famílias, os conflitos no ambiente escolar também são notórios e alarmantes, o que gera a necessidade de sensibilizar a sociedade e os entes públicos para discutir acerca dos direitos e os deveres de todos os indivíduos envolvidos no processo, e sobretudo, estudar e buscar soluções no que se refere à violência e às responsabilidades educacionais. Estudar exige compromisso!!! A Escola pede socorro!!!

Desta forma, o Estatuto, dentre as inúmeras garantias, assegura em seu art. 53 que a criança e o adolescente têm direito à educação, visando ao pleno desenvolvimento de sua pessoa, preparo para o exercício da cidadania e a qualificação para o trabalho como previsto desde 1988 pela Constituição Federal, sendo assegurada a *igualdade de condições para o acesso e permanência na escola; o direito de ser respeitado por seus educadores;* o direito de contestar critérios avaliativos, podendo recorrer às instâncias escolares superiores; o direito de organização e participação em entidades estudantis e o *acesso à escola pública e gratuita próxima de sua residência.* (grifos nossos).

Em suma, a legislação brasileira evoluiu no sentido de transformar a Educação em um direito de todos, contudo, em decorrência da violência existente na sociedade brasileira, ainda pelo aumento do número de alunos na escola, pela falta de maturidade dos alunos que é decorrente da idade, aliada à falta de preparo de alguns pais e pela negligência educacional de muitas famílias, os conflitos no ambiente escolar também são notórios e alarmantes, o que gera a necessidade de sensibilizar a sociedade e os entes públicos para discutir acerca dos direitos e os deveres de todos os indivíduos envolvidos no processo, e sobretudo, estudar e buscar soluções no que se refere à violência e às responsabilidades educacionais. Estudar exige compromisso! A Escola pede socorro!!!

A Legislação Brasileira e a Responsabilidade civil da Escola Pública

É relato histórico que desde a Revolução Industrial a mulher foi aos poucos sendo inserida no mercado de trabalho. Aquela que antes permanecia em casa cuidando diretamente da integridade, alimentação, vigilância e educação dos filhos, com a conquista da vida profissional e a busca de independência financeira, resultou por cada vez mais cedo se distanciar de sua prole, transferindo a outras pessoas e/ou instituições o dever de zelo, cuidado, vigilância e educação assistemática.

Como constatado em capítulo anterior, a matrícula das crianças já a partir dos 06 anos no Ensino Fundamental é obrigatória (art. 32 da LDB).

Já o art. 34 da mesma lei postula ainda que a jornada escolar no ensino fundamental deve incluir pelo menos quatro horas de trabalho efetivo em sala de aula, sendo progressivamente ampliado o período de permanência na escola.

> *O tempo em contato com a família restou extremamente reduzido e a educação de berço restou comprometida. Muitas famílias não possuem mais tempo para os filhos.*
>
> *E muitos filhos não são mais educados com o zelo familiar que deveria haver. A família responde pela sua (i)rresponsabilidade. As consequências e os resultados disso são alarmantes.*

Percebe-se no decorrer dos anos que, em consequência da evolução profissional e especialmente pela conquista do mercado de trabalho pela mulher até para garantir o sustento da prole e prover meios para manter o direito à educação sistematizada, a família ficou mais tempo longe dos filhos.

Considerando que a lei veio obrigar cada vez mais cedo a presença das crianças nas escolas, nesse aspecto, tem-se que de modo considerável aumentou o encargo do Estado e das instituições de ensino sobre a vigilância e o cuidado com as crianças e adolescentes, de onde surge também a discussão jurídica sobre o fator RESPONSABILIDADE. O tempo em contato com a família restou extremamente reduzido e a educação de berço restou comprometida. Muitas famílias não possuem mais tempo para os filhos.

E muitos filhos não são mais educados com o zelo familiar que deveria haver. A família responde pela sua (i)rresponsabilidade. As consequências e os resultados disso são alarmantes.

Além do Estado, a escola, a família e o aluno no processo de ensino e aprendizagem também possuem obrigações. E é acerca de responsabilidade que será abordado a seguir.

Responsabilidade Civil, Penal e Administrativa quanto à Educação na Escola Pública

Como dantes comentado, o Estatuto da Criança e do Adolescente além de estabelecer que a criança e o adolescente, devido à fase de desenvolvimento, terão proteção integral, também delimitou consequências e punições quando do desrespeito às prerrogativas inerentes a tais indivíduos na menoridade. O art. 5º, 18 e 232 do Estatuto preveem que "nenhuma criança ou adolescente será objeto de qualquer forma de negligência, discriminação, exploração, violência, crueldade e opressão, punido na forma da lei qualquer atentado, por ação ou omissão, aos seus direitos fundamentais." e "é dever de todos velar pela dignidade da criança e do adolescente, pondo-os a salvo de qualquer tratamento desumano, violento, aterrorizante, vexatório ou constrangedor." e ainda, "submeter criança ou adolescente sob sua autoridade, guarda ou vigilância a vexame ou a constrangimento: Pena - detenção de seis meses a dois anos."

O art. 245 do mesmo texto legal preceitua ainda que "deixar o médico, *professor* ou responsável por *estabelecimento* de atenção à saúde e *de ensino fundamental, pré-escola ou creche*, de comunicar à autoridade competente os casos de que tenha conhecimento, envolvendo suspeita ou confirmação de maus-tratos contra criança ou adolescente: Pena - multa de três a vinte salários de referência, aplicando-se o dobro em caso de reincidência" (grifos nossos).

Analisa-se à luz dos artigos retroexpostos que o professor, bem como o responsável por estabelecimento escolar que tiver ciência de tratamento desumano, violento, aterrorizante, vexatório ou constrangedor, ou ainda submeter criança ou adolescente sob sua autoridade, guarda ou vigilância a vexame ou a constrangimento e que se omitir nos casos de crimes de maus-tratos, responderão administrativa e penalmente, cabendo ainda reparação do dano na esfera civil.

> *É certo que os pais ou responsáveis não respondem criminalmente pelos atos infracionais cometidos pelos filhos menores e/ou incapazes, considerando que a pena não passa da pessoa do réu, como garantido pela constituição, entretanto, civilmente, quanto aos danos causados pelas crianças ou adolescentes, os responsáveis poderão arcar com as devidas despesas financeiras daí decorrentes.*

Como prestador de serviços públicos, os estabelecimentos de ensino da esfera pública, quando da existência de danos causados por seus agentes, são obrigados à devida reparação, segundo o disciplinado pelo art. 37, § 6 da CF/88, *in verbis*:

> *A administração pública direta e indireta de qualquer dos Poderes da União, dos Estados, do Distrito Federal e dos Municípios obedecerá aos princípios de legalidade, impessoalidade, moralidade, publicidade e eficiência e, também, ao seguinte:*
>
> *(...)*
>
> *§ 6º As pessoas jurídicas de direito público e as de direito privado prestadoras de serviços públicos responderão pelos danos que seus agentes, nessa qualidade, causarem a terceiros, assegurado o direito de regresso contra o responsável nos casos de dolo ou culpa.*

Assim, as instituições de ensino podem ser responsabilizadas pela ação ou omissão quando isto ocasionar dano aos respectivos alunos.

Analisa-se ainda que o Estatuto da Criança e do Adolescente, em seus artigos busca garantir que é dever de todos velar pela dignidade da criança e do adolescente, pondo-os a salvo de qualquer tratamento desumano, violento, aterrorizante, vexatório ou constrangedor.

E a obrigação de indenizar das pessoas jurídicas de direito público é objetiva, fundada no risco administrativo, ou seja, independente da investigação ou sindicância da culpa da administração e de seus agentes, como disposto pelo § 6º, do artigo 37, da Carta Magna Brasileira.

Cobrar do Estado o dano causado é exigir da sociedade a reparação de um prejuízo por ela mesma ocasionado, respondendo o Estado apenas por ser o representante politicamente organizado e detentor do dever de proteger e de garantir a segurança geral.

Com este posicionamento, o Tribunal de Justiça do Rio Grande do Sul manteve liminar que obrigou o estado a indenizar um estudante que teve seu aparelho de audição danificado pelos colegas numa escola pública de Uruguaiana.

A decisão foi monocrática e a indenização foi de quase R$ 2,2 mil para reposição do aparelho. O desembargador Rui Portanova, ao analisar os fatos, observou que é da entidade escolar, além de prestar os serviços de ensino e recreação, o dever de resguardar a integridade física dos alunos, o que no caso em análise não aconteceu.

De acordo com o supramencionado desembargador, tal

obrigação está na Constituição Federal, artigo 37, parágrafo 6º. "O caso em questão é tipicamente de responsabilidade objetiva do Estado em relação ao particular, devendo ser indenizado aquele que sofreu o dano, independente da existência de culpa por parte dos servidores estaduais."

A ação supracitada tramitou na Comarca de Uruguaiana, sob o número 105.00.04424-2. Segundo o jurista Nelson Joaquim, atuante do Direito Educacional, o dever de ressarcir e/ou compensar os danos trata-se de responsabilidade objetiva da escola pelo dever de guarda e vigilância constante.

Mesmo não havendo nexo causal entre o comportamento do agente público e o resultado nocivo, porquanto fora provocado por terceiro, a jurisprudência tem considerado a responsabilização objetiva do Estado, como ocorreu também no julgamento do RE o sob nº 109.615-2-RJ, Relator Ministro Celso de Mello, DJ de 02/08/1996, p. 25.785:

> *O Poder Público, ao receber o estudante em qualquer dos estabelecimentos da rede oficial de ensino, assume o grave compromisso de velar pela preservação de sua integridade física, devendo empregar todos os meios necessários ao integral desempenho desse encargo jurídico, sob pena de incidir em responsabilidade civil pelos eventos lesivos ocasionados ao aluno.*
>
> *A obrigação governamental de preservar a integridade física dos alunos, enquanto estes se encontrarem no recinto do estabelecimento escolar, constitui encargo indissociável do dever que incumbe ao Estado de dispensar proteção efetiva a todos os estudantes que se acharem sob a guarda imediata do Poder Público nos estabelecimentos oficiais de ensino. Descumprida essa obrigação, e vulnerada a integridade corporal do aluno, emerge a responsabilidade civil do Poder Público pelos danos causados a quem, no momento do fato lesivo, se achava sob a guarda, vigilância e proteção das autoridades*

e dos funcionários escolares, ressalvadas as situações que descaracterizam o nexo de causalidade material entre o evento danoso e a atividade estatal imputável aos agentes públicos.

Tratava-se, no caso de um ferimento causado em uma aluna de dez anos de idade por uma colega, que portava uma agulha de injeção. A vítima veio sofrer perda total do globo ocular direito, com deformidade traumática permanente e percentual incapacitatório para o trabalho, de 75%. Embora reconhecendo ausente qualquer parcela de responsabilidade da servidora municipal (Professora da Escola pública) na eclosão do evento o acórdão entendeu irrelevante essa circunstância, porque o Estado responde objetivamente pela falta dos recursos necessários ao funcionamento regular e satisfatório dos estabelecimentos públicos de ensino. Influiu no julgamento o fato de não ter sido prestado socorro **imediato** *à vítima, bem como, a demora da comunicação do evento aos pais da aluna vitimada. Esse mesmo acórdão cita jurisprudência do Tribunal de Justiça do Estado de São Paulo, versando sobre caso análogo, RJ/TJSP-93/156.*

Ao receber o menor estudante, deixado no estabelecimento de ensino da rede oficial para as atividades de aprendizado, a entidade pública se investe no dever de preservar a sua integridade física, havendo de empregar, através dos mestres e demais servidores, a mais diligente vigilância para evitar qualquer consequência lesiva, que possa resultar do convívio escolar.

E responde, no plano reparatório, se, durante a permanência no interior da unidade de ensino, o aluno vem, por efeito da inconsiderada atitude de colega, a sofrer a violência física, restando-se lesionado de forma irreversível.

A responsabilidade, aí, é inerente à extensão dos cuidados exigidos para a custódia do menor vitimado. E, com respeito ao ente estatal, se filia ao princípio consagrado no art. 37 da CF, configurando-se pela simples falha na garantia de incolumidade, independentemente da culpa concreta de qualquer servidor.

Em um local destinado exclusivamente à Educação que é a ESCOLA, espera-se no mínimo uma atmosfera de segurança e paz, entretanto, como exposto no início do presente capítulo, a violência que se expande em todos as frações da sociedade evidenciou os constantes casos de abusos e agressões entre alunos e professores, criando insegurança e medo e, acerca disso, a legislação, a doutrina e a jurisprudência vêm apontando no sentido de atribuir ao Poder Público a responsabilidade objetiva pelos danos causados aos alunos quando em seus estabelecimentos de ensino, não importando se tais danos foram ou não causados por seus agentes, por outros alunos e até mesmo por terceiros. Caberá à vítima ajuizar a devida ação de reparação civil.

Dever jurídico de guarda e vigilância é obrigação das instituições de ensino, segundo o doutrinador Nelson Joaquim (2009, p. 220). Para ele o dano ainda que causado por terceiros aos alunos no interior do estabelecimento de ensino é de responsabilidade do referido estabelecimento.

Como exemplo, informa que quando houver ato danoso praticado por terceiro que adentra o interior da escola, esta responderá pela culpa *in vigilando*, considerando que a segurança pessoal e patrimonial dos alunos é providência que lhe compete como regra geral.

Na condição de prestador de serviço público ou privado, o Estado responderá pelos danos que seus agentes causarem a terceiros, assegurado o direito de regresso contra o responsável nos casos de dolo ou culpa. Aliás, é o que dispõe a matriz constitucional em seu art. 37, parágrafo 6º[4], e como esclarecido segundo o jurista acima (2009, p. 221-222), considera-se que

---

4   JOAQUIM, Nelson. Nelson. Direito Educacional Brasileiro. Rio de Janeiro: Editora Livre Expressão, 2009 p. 222-223.

se tratando de alunos na menoridade, "o dever de vigilância é transferido pelos pais ou responsáveis ao estabelecimento de ensino, que passa a ser responsável pela segurança pessoal e patrimonial dos alunos."

Considera ainda o referido autor que se o aluno for adulto, este na maioridade, não precisa ser vigiado, por ser responsável por seus atos e possuir plena responsabilidade pelo que faz. Nesta hipótese, a culpa *in vigilando* não alcançará o professor de alunos já na maioridade e capazes, que, por serem aptos para o cuidado próprio, não precisam ser vigiados.

Quanto aos danos causados pelos alunos a terceiros, nem sempre implicará responsabilidade do estabelecimento de ensino, quando apurado que os seus educandos, capazes, maiores ou emancipados foram os autores dos referidos danos, não cabendo responsabilidade civil do estabelecimento de ensino.

Segundo este posicionamento a responsabilidade das instituições de ensino quanto aos delitos praticados por indivíduos na menoridade é objetiva (independe de culpa da escola e seus agentes) e diante dos casos em que o dano ou crime na escola é causado por indivíduo maior e plenamente capaz, há que se falar em responsabilidade apenas subjetiva (depende de apuração da culpa da escola e seus agentes).

Para Luiz Cláudio Silva (2005, p.46) apud Nelson Joaquim, "seria um absurdo jurídico imputar a responsabilidade civil de indenização a uma instituição de ensino onde os alunos são plenamente capazes, quando apurado quem foi o provocador do dano."

Outro fato ocorrido poderá melhor exemplificar ainda sobre casos nos quais é cabível a Responsabilidade Civil pelas instituições de ensino:

O Colégio La Salle Sociedade Porvir Científico, localizado em Brasília (DF), deverá indenizar em R$ 20 mil um aluno acidentado em passeio realizado pela instituição. A decisão é da Quarta Turma do Superior Tribunal de Justiça (STJ). No caso, o aluno, representado por seu pai, ajuizou uma ação contra a escola objetivando a reparação de danos morais, materiais e estéticos. Sustentou que, em passeio organizado pela instituição ao "Parque da Cidade de Brasília", em 25/3/1998, foi brincar no escorregador, sem qualquer vigilância e, ao tentar subir no brinquedo pela lateral, caiu pelo braço, o que acarretou fraturas graves no cotovelo e punho, tornando necessária uma cirurgia para colocação de pinos.

O juízo de primeiro grau condenou a escola a pagar, a título de danos morais, o valor de R$ 20 mil, bem como a quantia de R$ 3,1 mil, decorrente dos danos materiais. A sentença baseou-se no entendimento de que os prepostos do colégio não adotaram os cuidados necessários para manter incólume a integridade física da vítima, sendo a conduta omissiva do corpo docente negligente com a segurança do aluno. Na apelação, o Tribunal de Justiça do Distrito Federal e Territórios entendeu que o comportamento do preposto do colégio não violou o dever de cuidado indispensável à caracterização da culpa, afastando a responsabilidade pelo acidente e, consequentemente, o dever de indenizar imposto na sentença.

No STJ, o relator, ministro Luis Felipe Salomão, frisou que, no caso, não se pode falar em culpa exclusiva da vítima e, tampouco, em caso fortuito. Segundo ele, o colégio é responsável pelo bem-estar das crianças, tanto dentro do estabelecimento de ensino, quanto durante os passeios por ele organizados.

"Ademais, os estabelecimentos de ensino respondem pelos acidentes ocorridos durante o período em que os alunos estiverem sob sua vigilância e autoridade. Trata-se de uma espécie de dever de segurança em relação ao aluno, decorrente da guarda do menor durante aquele determinado intervalo de tempo", assinalou o ministro.

O relator destacou, ainda, que existe, portanto, em relação às escolas e aos professores, tal qual em relação aos pais, um dever de vigilância do qual deriva a responsabilidade pelos danos ocorridos.[5]

Vale considerar, de tal forma que se o ato é praticado por aluno, à escola ou ao Estado, ao reparar o dano com indenização, caberá o direito de regresso quanto ao causador, seus pais ou responsáveis.

É certo que os pais ou responsáveis não respondem criminalmente pelos atos infracionais cometidos pelos filhos menores e/ou incapazes, considerando que a pena não passa da pessoa do réu, como garantido pela Constituição Federal/88, entretanto, civilmente, quanto aos danos causados pelas crianças ou adolescentes, os responsáveis poderão arcar com as devidas despesas financeiras daí decorrentes.

> *Juridicamente, a prestação de serviços educacionais é tida como uma atividade-meio e não de resultado, por esta razão a Escola ou o Estado não são obrigados a procederem a indenização pelo não desenvolvimento educacional/reprovação de um aluno quando este descumpre o currículo escolar, não faz as atividades escolares, ou ao fazê-las comporta-se sem a devida atenção por mero desinteresse.*

Assim, os atos que juridicamente implicarem em reparação civil, se causados pelos alunos incapazes e/ou menores, podem atingir seus pais ou responsáveis.

Qualidade do Ensino e Responsabilidade

Um dos principais problemas que gera discussão quanto à LDB é relativo ao inciso IX do art. 3º quando prevê o *ensino com base na garantia de padrão de qualidade*. Já no art. 4º, inciso IX tem-se que o dever do Estado com a educação escolar

---
[5] Coordenadoria de Editoria e Imprensa. Portal do STJ, em 03/07/2009

pública será efetivado mediante a garantia de (...) padrões mínimos de qualidade de ensino, definidos como a variedade e quantidade mínimas, por aluno, de insumos indispensáveis ao desenvolvimento do processo de ensino-aprendizagem.

O estudioso da matéria Carlos da Fonseca Brandão (2007, p.32), quanto a isso questiona que:

> *O problema desse inciso é a existência de diversos conceitos totalmente subjetivos. Quais são os "insumos indispensáveis ao desenvolvimento do processo de ensino-aprendizagem?", a partir dos quais se definirá "a variedade e quantidade mínimas" dos mesmos para que possamos ter a definição do que são "padrões mínimos de qualidade de ensino". Apesar de ser um* **dever** *do Estado oferecer "padrões mínimos de qualidade" de ensino" jamais ele poderá ser responsabilizado pelo descumprimento desse* **dever***, visto que a definição do que são "padrões mínimos de qualidade" pode incluir absolutamente tudo. Esse tudo pode ser, por exemplo, os "insumos indispensáveis ao desenvolvimento do processo de ensino-aprendizagem", oferecidos em "variedade e quantidades mínimas". E tudo isso, "por aluno". (grifo nosso)*

Vale ressaltar que a referida LDB no art. 22º traz que "a educação básica tem por finalidades desenvolver o educando, assegurar-lhe a formação comum indispensável para o exercício da cidadania e fornecer-lhe meios para progredir no trabalho e em estudos posteriores."

Entende-se, portanto, que referente à Educação escolar, qualidade deve incluir, no mínimo, a qualificação profissional do professor e demais agentes da escola visando ao bom ensino por parte daquele que tem o dever de instruir, dispor de recursos materiais didáticos e pedagógicos adequados ao currículo adotado e o desenvolvimento satisfatório daquele que encontra-se numa instituição de ensino, objetivando aprender e conhecer as várias ciências adequadas à sua série e desenvolvimento.

E sobre isso, ao contrário do que dispõe Carlos Fonseca Brandão, o jurista Nelson Joaquim (2009, p. 226) expõe que "a principal obrigação assumida pela instituição de ensino, quer seja pública ou particular, é proporcionar ensino de qualidade, transmitir o conhecimento da grade curricular, para que o aluno tenha domínio da matéria. Todavia, juridicamente, a prestação de serviços educacionais é uma atividade-meio e não de resultado".

Assim, Juridicamente, a prestação de serviços educacionais é tida como uma atividade para propiciar meios para a aprendizagem que é o resultado visado, contudo, o fim, a conquista do objetivo final não compete apenas ao Estado ou à Escola. Logo, se a prestação de serviços educacionais é tida como uma atividade-meio e não de fim, a Escola ou o Estado não são obrigados a procederem a indenização pelo não desenvolvimento educacional/reprovação de um aluno quando este descumpre o currículo escolar, não faz as atividades escolares, ou ao fazê-las comporta-se sem a devida atenção por mero desinteresse.

Sobre isso o consultor jurídico Helder Martinez Dal Col[6] analisa que a escola não pode ser responsabilizada pelo mau aproveitamento do aluno, pela sua incapacidade de assimilar o conteúdo programático ou compreender todos os meandros da matéria ministrada, exceto quando tenha descumprido suas obrigações.

Em síntese, a escola pública como instituição do estado, atentando ao disposto na CF/88 tem o dever de garantir a educação, além de vagas suficientes para a população, deve proporcionar recursos e meios adequados para que a Educação

---

6   FERREIRA, Dâmares (Coord.), p. 82, 2004.

se processe, todavia, segundo defendido pela maioria dos doutrinadores e juristas consultados, uma vez que a Escola e o Estado cumpram este dever, o indivíduo (aluno) que não conseguir desenvolver-se quanto aos quesitos de compreensão e assimilação dos conteúdos, não poderá pleitear reparo ou indenização.

A família brasileira e a educação dos filhos após a promulgação do ECA

Após a promulgação do Estatuto da Criança e do Adolescente em 13 de julho de 1990 muitas alterações ocorreram na família brasileira. É sabido que a princípio a história brasileira registrava os efeitos e resultados de uma ditadura militar onde quem "podia" mais mandava, e, cabia ao outro tido como se fosse "inferior" obedecê-lo. Antes da promulgação do Código Penal de 1940, da CF/1988 e o ECA/1990, as crianças e adolescentes iam à escola SE desejassem estudar, de modo que alguns pais que percebiam a desmotivação ou inaproveitamento estudantil dos filhos buscavam outras ocupações para estes divergentes daquelas da escola. Com a obrigatoriedade do Ensino Sistematizado, como referido anteriormente, os pais atualmente possuem o dever legal de matriculá-los, sob pena de incorrerem em crime de abandono intelectual do art. 246 do CP ou de descumprir o dispos-

> *Na prática diária do trabalho escolar, diante da indisciplina escolar e da violência alarmante é comum muitos profissionais da Educação ouvirem de pais e/ou responsáveis que quanto à conduta dos seus filhos "não sabem mais o que fazer". E diante de situações como esta, o professor e a escola, quando não preparados, sentem-se perdidos, uma vez que se os pais perderam o controle da educação dos filhos, como trabalhar agora as deficiências de uma educação que deveria ter iniciado no seio familiar?!*

to no art. 227 da CF ou algumas legislações infraconstitucionais pertinentes.

Atualmente, sob a proteção de um país democrático, com inúmeras garantias e liberdades, percebe-se a ocorrência desenfreada de violência, tais como *bullying*, indisciplina e atos infracionais diversos na escola. Em inúmeras situações, quando questionados sobre ato de violência, indisciplina e depredação do patrimônio público e agressões diversas nas escolas, ouve-se muitos pais alegando não saberem o que fazer diante da rebeldia e indisciplina de filhos que não cumprem seus deveres como filhos, nem como alunos, atrapalhando os colegas de classe, dificultando o trabalho do professor, (algo que gera desestímulo profissional e intensifica o estresse que tem levado inúmeros mestres à busca de tratamentos psicológicos e até psiquiátricos) causando, enfim, prejuízos duradouros à Educação, e em específico, o baixo índice de aprendizagem.

> *Não há como negar uma relação especial entre o direito (a lei) e a educação e a necessidade de seu conhecimento para o pleno desenvolvimento de suas atividades, apesar do desconhecimento de aspectos específicos da parte de muitos educadores o que pode gerar posturas de resistência a essa novidade.*
>
> *Com este paradigma, novas situações surgiram, envolvendo a escola e outros atores que até então não participavam diretamente da questão educacional a não ser esporadicamente. Com efeito, como a universalização e obrigatoriedade do ensino (fundamental) implicam colocar todas as crianças na escola, ou seja, todas as crianças com suas características pessoais, o sistema educacional passou a conviver com uma maior grandeza de diversidade sócio-cultural em que adentram a escola pelas crianças com peculiaridades próprias. Tal situação faz aparecer pessoas com suas individualidades rompendo com um imaginário homogeneizante.*

> Não que tal realidade relativa às peculiaridades não existisse, mas como a educação era elitista e seletiva, a grandeza numérica associada a um perfil sócio-cultural mais homogêneo não ganhava tanta expressão. Por exemplo, em 1950, de acordo com o IBGE, pouco mais de 17% possuía o grau primário completo, o que impunha sérios obstáculos à democratização do ensino para todos.
>
> Por outro lado, a atual legislação também acabou por estabelecer um sistema de garantia dos direitos da criança e do adolescente (entre eles o direito à educação) envolvendo o Poder Judiciário, Ministério Público, Defensoria Pública, Segurança Pública, Conselho de Direitos da Criança e do Adolescente e Conselho Tutelar. Estas instituições, chamadas a operar na área educacional e da infância e da juventude, também não se apresentavam devidamente preparadas para tal desafio, até porque, os conselhos de direitos e conselhos tutelares foram criados nesta oportunidade, ou seja, inexistiam antes da vigência do Estatuto da Criança e do Adolescente. O Poder Judiciário e Ministério Público desempenhavam outras atividades na área menorista, pouco voltada à questão educacional. A entrada da LDB e das leis reguladoras do FUNDEF e do FUNDEB criaram os Conselhos de Acompanhamento e Controle dos Recursos que devem ser aplicados na educação escolar. Soma-se a esta situação o reconhecimento na Constituição Federal da educação como o primeiro dos direitos sociais.[7]

É de suma importância o Estatuto da Criança e do Adolescente para o cenário brasileiro, considerando-se a proteção integral, fator importante para abrigo de indivíduos que em decorrência de sua idade não podem defender-se facilmente de agressores que desrespeitam, agridem, violam seus direitos e os

---

[7] Carlos Roberto Jamil Cury, Professor Titular da UFMG (aposentado); Professor Adjunto da PUC Minas e Luiz Antonio Miguel Ferreira, Promotor de Justiça do Ministério Público do Estado de São Paulo. Mestre em educação pela UNESP. A Judicialização da Educação, PRÓMENINO, 12/02/2009.

desrespeitam. Entretanto, a má interpretação desta lei especial (ECA) tem trazido consideráveis prejuízos para a Educação sistematizada. Porque ao fazer parte de um país que valoriza a liberdade em sua forma mais ampla é comum que alguns jovens, reconhecendo seu direito de liberdade, por vezes ignorem até onde podem usufruir de tal liberdade. E assim, muitos alunos, crianças e/ou adolescentes cometem verdadeiras atrocidades na escola por excesso do uso dessa liberdade decorrente da má interpretação da lei.

A família, em alguns casos, não sabe como agir, nem como orientar esse filho (aluno).

A falta de melhor compreensão sobre este assunto por parte de alguns profissionais e algumas famílias e alunos tem levado muitos pais, alunos e até professores ao entendimento de que o ECA foi promulgado apenas para defender e difundir os direitos dos indivíduos na menoridade, levando outros ao pensamento de que no descumprimento da lei, nos atos de desrespeito ao próximo, na indisciplina escolar, atos infracionais e atos diversos de violência e destruição do patrimônio privado ou público nada pode-se fazer para disciplina e/ou ensino de tais crianças e adolescentes.

A corrupção, a violência, a indisciplina nas relações sociais e por fim, os desmandos que a mídia veicula e o caos que a Escola vivencia, com alunos e professores sendo agredidos verbalmente, fisicamente e até mortos, tudo isso é o resultado de um plantio que começou no berço. (Clemirene Oliveira)

Após a implementação do ECA surgiram algumas afirmações equivocadas de que a referida lei mitigou a autoridade dos pais e muitos deles, desse modo, não sabem o que é permitido ou proibido dentro dos limites do poder familiar diante da disciplina dos filhos perante um ato infracional ou de indisciplina.

Na prática diária do trabalho escolar, diante da indisciplina escolar e da violência alarmante é comum muitos profissionais da Educação ouvirem de pais e/ou responsáveis que quanto à conduta dos seus filhos "não sabem mais o que fazer". E diante de situações como esta, o professor e a Escola, quando não preparados, sentem-se perdidos, uma vez que se os pais perderam o controle da educação dos filhos, como trabalhar agora as deficiências de uma educação que deveria ter iniciado no seio familiar?!

A família deve educar. É DA FAMÍLIA também a responsabilidade de educar e socializar os filhos que gerou. Nesse sentido, sem a pretensão de extenuar o assunto, até porque não seria possível em um espaço tão breve, a seguir seguem algumas considerações que devem ser observadas pelos pais ao orientarem os filhos para a cidadania neste momento em que é tão urgente que nossos pequenos cresçam, reconhecendo que possuem direitos, mas também obrigações.

Algumas considerações/sugestões para os pais

É necessário compreender que cidadania começa em casa, no seio da família. A Escola auxilia no aperfeiçoamento, contudo, cidadania é lição que se aprende em casa.

A corrupção, a violência, a indisciplina nas relações sociais, os desmandos que a mídia veicula, o caos que a Escola vivencia com alunos e professores sendo agredidos verbalmente, fisicamente e em muitos casos até mortos, tudo isso é o resultado de um plantio que começou no berço.

Porque a sociedade e a Escola são o resultado das lições

aprendidas ou desaprendidas e negligenciadas nos lares. O que não se deve é exigir da Escola um dever que é da família, que pertence ao pai e à mãe.

Como dito na introdução deste livro, Educação Sistematizada é aquela ensinada na Escola, contudo, a educação assistemática é obrigação familiar.

É hora de assumir a responsabilidade como pais e mães porque com amor muito pode ser feito em prol dos filhos!!! A seguir, algumas sugestões:

Breves Sugestões aos Pais:

a. Reconheça que a paternidade/maternidade biológica ou por afinidade implica responsabilidade, e o nascimento de um filho é fato que não se pode reverter. O filho não poderá voltar ao ventre. Quem gera ou quem assume o papel de família é responsável por aqueles que têm sob sua guarda;

b. Dirija-se à escola de seu filho mesmo quando não for convidado. Sua presença na escola fará seu filho reconhecer que a escola é importante e que Educação possui valor;

c. Se houver alguma reclamação a seu filho e se tiver que adverti-lo, não o faça diante de outras pessoas. Pessoas que são advertidas na presença de outras, com o passar do tempo poderão perder o brio, a vergonha, ou pudor, não mais se importarão com disciplina e não terão receio de se expor ao ridículo. Discipline em secreto. Não exponha seu filho;

d. Antes de dar bens e presentes aos seus filhos, dê amor. Antes de ser uma pessoa que apenas exige, alimente o relacionamento com seu filho, de modo que você se torne para ele alguém em quem ele possa confiar e contar sempre. Até porque ninguém dá ouvidos, pede conselhos ou abre o coração para o inimigo;

e. Alimente a autoestima de seu filho. Diga para ele que o ama, que ele é especial e nada fará com que ele seja menos amado por você. Mesmo se o filho for uma pessoa que só lhe traz preocupações, decepções e angústias, chame-o para uma conversa e primeiro, diga-lhe o quanto o ama e o quanto ele é especial. Muitas pessoas mudam por amor. Ame e mostre-lhe isso todos os dias com palavras e gestos. Plante amor na alma de seu filho. Uma pessoa com baixa autoestima não se sente normal, sente-se excluída no mundo e terá dificuldades para lidar com as obrigações que a vida impõe;

Ao escrever o tópico acima, foi possível lembrar o quanto o amor já fez pelas pessoas... Muitas pessoas matavam, roubavam, destruíam patrimônio alheio e a vida dos outros, entretanto, um dia ouviram que Deus as amou tanto, tanto, tanto, tanto.

E foi por causa desse amor que muitos desses mudaram de direção e abraçaram esse amor, encontrando nova direção. O amor é a arma capaz de mudar os rumos. Por isso, ame, demonstre amor a ponto de seu filho realmente sentir;

Continuando:

f. Pratique em casa o que deseja que seu filho reproduza e imite na vida. O maior exemplo para seu filho é a família. Há condutas que compensam ser repetidas, se não for possível, corrigir aquelas que são necessárias, já será um bom começo;

g. Veja as atividades escolares de seus filhos mesmo quando souber que possuem bom rendimento escolar. Isso auxiliará os que possuem bom rendimento a se reafirmarem e em contrapartida mostrará aos que possuem dificuldade o interesse que os pais possuem pelo seu bom desempenho;

h. Elogie as pequenas coisas que seus filhos fizerem. Reafirme mais e critique menos. Porque quem sabe elogiar será ouvido também quando precisar ser firme, olhar nos olhos e orientá-los a melhorar;

i. Olhe sempre os itens que seus filhos levam e trazem da escola na mochila escolar. Nesta oportunidade, aproveite para elogiá-los pelo zelo com os seus pertences ou sugerir melhorias. Esta oportunidade também servirá para verificar se não existe algo a mais guardado ali. E caso encontre algum bem ou objeto que não pertence ao seu filho, não tenha preguiça de descobrir a quem pertence e conduza imediatamente seu filho para devolver e pedir desculpas quando se tratar de algo que não lhe fora dado. Esta lição que a princípio poderá ser dolorosa nunca será esquecida pelo seu filho e trará resultados valiosos;

Quanto a isso, conheci uma moça de aproximadamente 21 anos, uma filha exemplar, aluna excepcional gerada por uma família muito ética que tive o prazer de conhecer.

Sua genitora, uma mãe bastante dedicada confidenciou-me que quando sua filhinha tinha cerca de 03 aninhos de idade ambas foram visitar uma amiga.

A visita durou uma tarde e a pequena brincou muito na casa da amiga de sua mãe.

No fim da visita, ambas retornavam para casa, quando no meio do trajeto, a mãe ouviu o barulho de algumas moedas. Sabia não serem suas porque não portava moedas. Parou, pensou, olhou para a pequena e perguntou:

— Filha, você pegou moedas na casa da moça?!

A filha inocentemente balançou a cabecinha confirmando.

Aquela mãe pensou como resolver o problema, então abaixou-se na frente da pequena e disse:

— Filha, você precisa voltar, chamar a moça, pedir desculpas e devolver as moedinhas a ela. São dela, está bem?

A pequena chorou, pranteou inconformada, porque criança não gosta de devolver algo que escolheu para brincar, e no presente caso, pela tenra idade, sem nenhuma maldade.

Voltaram. Ao chegar no portão da casa da amiga, a mãe pediu que a pequena batesse palmas, ela relutou. Porque apesar de pequenina, ela sentiu a dinâmica do que ocorria.

Não devemos subestimar a inteligência de nossos pequenos.

Quando a amiga atendeu o portão, a pequena, chorando devolveu as moedinhas e pediu desculpas. A mãe também pediu desculpas.

A amiga até considerou que a pequena poderia ficar com as moedinhas:

— Pequena, tão inocente, não é verdade?!?!

Todavia, a mãe recusou por entender que a experiência da devolução de algo que não lhes pertencia poderia ser dolorosa para a pequenina naquele momento, contudo essa conduta imprimiria em seu caráter um princípio que lhe acompanharia na fase adulta.

Tive o prazer de conviver com a pequena que agora já é uma moça reconhecidamente ética e admiradora do caráter daquela mãe.

Lições necessárias quando ensinadas com amor não ocasionam traumas, antes moldam o caráter e reafirmam no coração do filho a intensidade de amor dos pais;

Ainda:

j. Com paciência e amor, ensine seus filhos a guardarem seus brinquedos após cada brincadeira. A depender da idade, não será tarefa fácil. Contudo, aos poucos, com o passar do tempo esta será uma prática comum. O que parece ser uma lição simples mostrará a eles que na vida nem sempre haverá alguém para recompor as coisas no lugar, para corrigir situações particulares e fazer tudo por eles. Esta é uma realidade da vida;

k. Ame a lição de casa. Se não for possível acompanhar sempre, quando acompanhar seus filhos nas lições, mostre a eles sua motivação pelos estudos. Se não souber ler, peça que eles leiam para você aprender com eles. Seus filhos sentir-se-ão valorizados e a educação escolar para eles será vista como algo positivo;

l. Quando errar com seus filhos, peça-lhes desculpas. Pedir desculpas ao filho não é humilhante, como alguns podem pensar. Peça-lhes "por favor", "por gentileza" e quando eles atenderem, demonstre gratidão, agradeça. Eles aprenderão a serem educados não apenas por que alguém disse, antes, eles serão educados porque em casa existe um modelo... um exemplo;

m. Não resolva os problemas no ímpeto da força ou no exercício arbitrário das próprias razões. Mostre a seu filho que muita coisa pode ser resolvida com diálogo. Seu filho poderá aprender a desenvolver a tolerância e o diálogo porque aprendeu em casa;

n. Ensine limites. Comece organizando sua vida, administrando horários. Condutas simples como arrumar a cama ao levantar e almoçar em família no horário marcado ensina organização e responsabilidade. Administre horário para brincadeiras, televisão, internet e as leituras e lições de casa. Se não cumprir obrigações perde a oportunidade do lazer. Há situações que poderão parecer dolorosas, mas no futuro, compensarão. Porque as crianças que não aprenderem tais lições correm o risco de se tornarem adultos frustrados. Porque a sociedade e a vida não toleram indivíduos sem limites e que não sabem obedecer às regras;

o. Converse e ensine aos seus filhos que a Escola é lugar de produção científica... é o ambiente que poderá favorecer quem é rico a permanecer abastado porque aprenderá conteúdos que favorecerão a boa administração de seus bens, mas em contrapartida é a agradável porta de crescimento para aqueles que nasceram sem os privilégios da nobreza, mas querem vencer na vida pela honradez e pelo próprio mérito; ensine a Eles que o bom desenvolvimento das aulas é o primeiro passo para preparar bem o futuro. Por isso, eles precisam contribuir para que haja harmonia e paz na escola, de modo que os professores possam mediar o processo, consigam condições para explicarem sobre os conteúdos de modo que estes possam ser compreendidos.

Muitas sugestões poderiam ser dadas, contudo, necessária seria uma obra inteira apenas para tratar de sugestões. Tais considerações acima são alguns exemplos de situações cotidianas que se forem observadas poderão contribuir para melhoria do desenvolvimento do caráter cidadão que se deseja imprimir nos filhos para que na escola, na sociedade e na vida estes possam conviver em harmonia, vivam como cooperadores sociais e não como infratores dos direitos alheios.

Segundo Paulo Freire, "não há vida sem correção, sem retificação. " E a família deve atentar para instruir seus filhos a terem a educação "de berço", aquela que se inicia desde os primeiros momentos da vida e tão necessária ao bom convívio social.

É comum nos noticiários as informações de pessoas agredidas por alunos muito jovens no ambiente escolar. Há agressão verbal e física entre alunos, entre alunos e professores e é comum que funcionários também sejam agredidos no cenário escolar brasileiro.

Fala-se em alunos na menoridade sendo usados por traficantes como comerciantes e/ou entregadores de drogas e/ou produtos adquiridos de forma ilícita, outros portando arma dentro da escola.

Por isso, a família dever ser em casa o que deseja que os filhos sejam na vida e na escola. Nenhuma regra será melhor que o exemplo de vida diário. SE A FAMÍLIA FIZER SUA PARTE MUITA COISA AINDA PODERÁ MUDAR!

Diante da prática de atos que atrapalham o bom desenvolvimento das aulas, aliada à irresponsabilidade de muitos pais que diante da deseducação de seus filhos têm cruzado os braços, a Escola torna-se refém do caos que essa falta de limites instaurou.

E nesta realidade, idêntico ao que por muito tempo ocorreu, algumas escolas não vislumbram alternativa para lidar com os casos de alunos agressivos e violentos.

Nesse sentido, nos capítulos posteriores analisar-se-á este tema, bem como alguns conceitos e medidas jurídicas que podem ser aplicadas no referente aos atos de violência praticados no ambiente escolar.

Capítulo 3

Bullying, Indisciplina e Ato Infracional

Como antes ponderado, convivendo num país democrático de direito onde valoriza-se sobremaneira a importância da liberdade garantida constitucionalmente, de modo lamentável tem-se que, valorizando e utilizando-se da própria liberdade, muitos indivíduos, e especialmente muitos alunos ainda na menoridade desconhecem até que ponto podem usar tal liberdade sem agredir ou desrespeitar o direito do outro.

A violência que se expande em diversas frações da sociedade evidenciou os constantes casos de abusos e agressões, gerando, enfim, um ambiente de insegurança e medo a todos, mesmo diante da consideração de ser a escola um local destinado à Educação e de onde espera-se no mínimo um ambiente de segurança e paz.

> *"Toda pessoa tem direito ao respeito de sua honra e ao reconhecimento de sua dignidade."*
> *(Artigo 11 da CIDH - Convenção Americana Sobre os Direitos Humanos)*

É notório que por insuficiências de desenvolvimento mental, psicológico ou psiquiátrico, algumas crianças e adolescentes podem desenvolver um comportamento violento na família, na sociedade e na escola, o que afeta de modo significativo a aprendizagem do indivíduo e atrapalha o bom desenvolvimento das aulas, impedindo que outros alunos presentes no mesmo ambiente exercitem o direito à Educação e aprendam. Entretanto, os indivíduos que são indisciplinados por insuficiência mental, psicológica ou neurológica, segundo a lei, devem receber tratamento totalmente diferenciado.

> *É isento de pena o agente que, por doença mental ou desenvolvimento mental incompleto ou retardado, era, ao tempo da ação ou da omissão, inteiramente incapaz de entender o caráter ilícito do fato ou de determinar-se de acordo com esse entendimento. (art. 26. Do Código Penal).*

Ressalte-se, todavia que o aluno adolescente que não possui desenvolvimento mental retardado, de acordo com a legislação especial do ECA, pode ser conduzido até à internação compulsória, forçada pelo Estado em caso de conduta contra a lei.

Violência nas Escolas Brasileiras

A violência na escola deixou de ser um problema estritamente de caráter escolar, a realidade e os conflitos sociais converteram-se em problemas tais que em muitos casos a escola não está preparada para preveni-los ou solucioná-los, sendo necessária a força policial estatal e até intervenção judicial.

Para Miriam Abramovay[1] o problema da violência nas escolas tomou novas proporções não só no Brasil, como também no mundo, tornando-se um fenômeno globalizado e passando a ser objeto de atenção da mídia, de pesquisadores e de atores políticos, devido aos contornos e às proporções que vem assumindo.

O tema "violências nas escolas" tem suscitado diversos estudos e pesquisas que, por meio de olhares e focos distintos, permitem constatar as dificuldades do sistema educacional em

---

1 Debate: Violência, mediação e convivência na escola. Boletim 23, novembro de 2005.

enfrentar as múltiplas dimensões desse fenômeno.

Segundo o dicionário Michaelis, violência significa qualidade de violento; Qualidade do que atua com força ou grande impulso; força, ímpeto, impetuosidade; Ação violenta; Opressão, tirania; Intensidade; Veemência; Irascibilidade; Qualquer força empregada contra a vontade, liberdade ou resistência de pessoa ou coisa; Constrangimento, físico ou moral, exercido sobre alguma pessoa para obrigá-la a submeter-se à vontade de outrem; coação.

Violência escolar é termo que se refere aos tipos de condutas de agressividade, conflitos sociais, prejuízos ao patrimônio, atos de *bullying*, atos infracionais e criminosos, enfim, todos os atos que ferem o direito de outrem e/ou causam dano.

Muitas dessas condutas supramencionadas, quando ocorrem no âmbito escolar, podem ser solucionadas pela própria instituição, entretanto inúmeras dessas ocorrências fogem do âmbito de competência da escola. A escola quando não resolve o problema, contudo, encaminha para a instituição competente. Para melhor compreensão, analisar-se-ão, neste estudo, algumas das formas de violência que ocorrem no cotidiano escolar e alguns encaminhamentos que a escola deve fazer, bem como alguns instrumentos juspedagógicos com a finalidade de disciplinar, coibir e proteger, por fim o direito à Educação individual e da coletividade.

> *A violência na escola deixou de ser um problema estritamente de caráter escolar, a realidade e os conflitos sociais converteram-se em problemas tais que em muitos casos a escola não está preparada para preveni-los ou solucioná-los, sendo necessária a força policial estatal e até intervenção judicial.*

O bullying

Um ato muito abordado no cenário brasileiro, o *bullying* tem sido ocorrência rotineira nas escolas e surge como tema de estudos psicopedagógicos e juspedagógicos na última década.

Segundo Aramis A. Lopes Neto, coordenador do programa de *bullying* da ABRAPIA (Associação Brasileira de Pais, Infância e Adolescência,) é certo que:

> *A escola é de grande significância para as crianças e adolescentes, e os que não gostam dela têm maior probabilidade de apresentar desempenhos insatisfatórios, comprometimentos físicos e emocionais à sua saúde ou sentimentos de insatisfação com a vida.*
>
> *Os relacionamentos interpessoais positivos e o desenvolvimento acadêmico estabelecem uma relação direta, onde os estudantes que perceberem esse apoio terão maiores possibilidades de alcançar um melhor nível de aprendizado. Portanto, a aceitação pelos companheiros é fundamental para o desenvolvimento da saúde de crianças e adolescentes, aprimorando suas habilidades sociais e fortalecendo a capacidade de reação diante de situações de tensão.*
>
> *A agressividade nas escolas é um problema universal. O bullying e a vitimização representam diferentes tipos de envolvimento em situações de violência durante a infância e adolescência. O bullying diz respeito a uma forma de afirmação de poder interpessoal através da agressão. A vitimização ocorre quando uma pessoa é feita de receptor do comportamento agressivo de uma outra mais poderosa.*
>
> *Tanto o bullying como a vitimização têm consequências negativas imediatas e tardias sobre todos os envolvidos: agressores, vítimas e observadores.*
>
> **Por definição, bullying compreende todas as atitudes agressivas, intencionais e repetidas, que ocorrem sem motivação evidente, adotadas por um ou mais estudantes contra outro(s), causando dor e angústia,**

sendo executadas dentro de uma relação desigual de poder. Essa assimetria de poder associada ao bullying pode ser consequente da diferença de idade, tamanho, desenvolvimento físico ou emocional, ou do maior apoio dos demais estudantes. Trata-se de comportamentos agressivos que ocorrem nas escolas e que são tradicionalmente admitidos como naturais, sendo habitualmente ignorados ou não valorizados, tanto por professores quanto pelos pais *(grifo nosso)*.

A adoção universal do termo bullying foi decorrente da dificuldade em traduzi-lo para diversas línguas. Durante a realização da Conferência Internacional Online School Bullying and Violence, de maio a junho de 2005, ficou caracterizado que o amplo conceito dado à palavra bullying dificulta a identificação de um termo nativo correspondente em países como Alemanha, França, Espanha, Portugal e Brasil, entre outros.

As pesquisas sobre bullying são recentes e ganharam destaque a partir dos anos 1990.

A escola é vista, tradicionalmente, como um local de aprendizado, avaliando-se o desempenho dos alunos com base nas notas dos testes de conhecimento e no cumprimento de tarefas acadêmicas. No entanto, três documentos legais formam a base de entendimento com relação ao desenvolvimento e educação de crianças e adolescentes: a Constituição da República Federativa do Brasil, o Estatuto da Criança e do Adolescente e a Convenção sobre os Direitos da Criança da Organização das Nações Unidas. Em todos esses documentos, estão previstos os direitos ao respeito e à dignidade, sendo a educação entendida como um meio de prover o pleno desenvolvimento da pessoa e seu preparo para o exercício da cidadania.

Todos desejamos que as escolas sejam ambientes seguros e saudáveis, onde crianças e adolescentes possam desenvolver, ao máximo, os seus potenciais intelectuais e sociais. Portanto, não se pode admitir que sofram violências que lhes tragam danos físicos e/ou psicológicos, que testemunhem tais fatos e se calem para que não sejam também agredidos e acabem por achá-los banais ou, pior ainda, que

diante da omissão e tolerância dos adultos, adotem comportamentos agressivos.

A Associação Brasileira Multiprofissional de Proteção à Infância e à Adolescência (ABRAPIA) desenvolveu o Programa de Redução do Comportamento Agressivo entre Estudantes, objetivando investigar as características desses atos entre 5.500 alunos de quinta à oitava série do ensino fundamental e sistematizar estratégias de intervenção capazes de prevenir a sua ocorrência.

Apesar de o estudo ter sido realizado em pouco mais de 1 ano, de setembro de 2002 a outubro de 2003, foi possível reduzir a agressividade entre os estudantes, favorecendo o ambiente escolar, o nível de aprendizado, a preservação do patrimônio e, principalmente, as relações humanas.[2]

O *bullying* produz danos graves e em alguns casos, até irreparáveis, considerando-se que, como vítimas de *bullying* alguns indivíduos chegaram até ao suicídio, o que (segundo pesquisadores do assunto) é mais prevalente entre alunos com idades entre 11 e 13 anos e menos frequente na educação infantil e ensino médio.[3]

Em síntese, o *bullying* corresponde a todas as formas de atitudes agressivas, intencionais e repetidas, que ocorrem sem motivação evidente, adotadas por um ou mais estudantes contra outro(s), causando dor e angústia, e executadas dentro de uma relação desigual de poder. É relacionado a algumas ações, tais como: humilhar, assediar, excluir, discriminar, colocar apelidos, isolar, ignorar, intimidar, quebrar pertences, aterrorizar,

---

2   Neto, Aramis A. Lopes. Bullying, comportamento agressivo entre estudantes. Jornal de Pediatria - Vol. 81, Nº5, 2005.

3   idem.

perseguir etc. Esta prática resulta em desrespeito e gera na vítima o sentimento de repúdio e abandono. O que é peculiar na prática do *bullying* refere-se ao fato de que, escolhe-se uma vítima e pratica-se contra ela repetidas vezes atos de violência física ou psicológica, gerando abalos psicológicos, que resultam em desestímulo para permanência na escola.

Em casos como este, noticiou-se que uma escola particular de Ceilândia, cidade próxima a Brasília fora condenada no começo de agosto de 2008 a pagar indenização de R$ 3 mil devidos a um aluno vítima de *bullying*. De acordo com o defensor público Ruy Cruvinel Filho, a mãe comunicou à direção da escola inúmeras vezes que seu filho era constantemente agredido por colegas, porém os ataques continuaram.

Depois de apanhar por um ano, o menino de sete anos, que estava na segunda série, ficou com medo de voltar à escola e teve dificuldades de aprendizado. "Cabia ao colégio cuidar, zelar, evitar e não se omitir nessas agressões reiteradas, já que elas foram comprovadas. A partir do momento que o colégio se omite, ele se torna responsável pelas consequências", afirmou o defensor.[4]

ABALOS PSICOLÓGICOS DECORRENTES DE VIOLÊNCIA ESCOLAR - BULLYING - OFENSA AO PRINCÍPIO DA DIGNIDADE DA PESSOA. (...) Na espécie, restou demonstrado nos autos que o recorrente sofreu agressões físicas e verbais de alguns colegas de turma que iam muito além de pequenos atritos entre crianças daquela idade, no interior do estabelecimento do réu, durante todo o ano letivo de 2005. É certo que tais agressões, por si só, configuram dano moral cuja responsabilidade de indenização seria do Colégio em razão de sua responsabilidade objetiva. Com efeito, o Colégio réu tomou algumas medidas na tentativa

---

[4] G1- Globo.com em 13/08/08.

de contornar a situação, contudo, tais providências foram inócuas para solucionar o problema, tendo em vista que as agressões se perpetuaram pelo ano letivo. Talvez porque o estabelecimento de ensino apelado não atentou para o papel da escola como instrumento de inclusão social, sobretudo no caso de crianças tidas como "diferentes". Nesse ponto, vale registrar que o ingresso no mundo adulto requer a apropriação de conhecimentos socialmente produzidos. A interiorização de tais conhecimentos e experiências vividas se processa, primeiro, no interior da família e do grupo em que este indivíduo se insere, e, depois, em instituições como a escola. No dizer de Helder Baruffi, "Neste processo de socialização ou de inserção do indivíduo na sociedade, a educação tem papel estratégico, principalmente na construção da cidadania." (TJ-DFT - Ap. Civ. 2006.03.1.008331-2 - Rel. Des. Waldir Leôncio Júnior - Julg. em 7-8-2008)

O *Bullying* ainda pode ser juridicamente um ato infracional ou indisciplina, dependendo do ato e da idade do agente praticante. Para prevenir e punir atos de *Bullying* alguns países já criaram leis nesse sentido.

A preocupação com o bullying é um fenômeno mundial. Pesquisa feita em Portugal, com 7 mil alunos, constatou que 1 em cada 5 alunos já foi vítima desse tipo de agressão. O estudo mostrou que os locais mais comuns de violência são os pátios de recreio, em 78% dos casos, seguidos dos corredores (31,5%).

Na Espanha, o nível de incidência de bullying já chega a 20% entre os alunos. O percentual assusta as autoridades espanholas, que já desenvolvem ações para coibir a prática.

A Grã-Bretanha também está apreensiva com a maior incidência de ocorrências. Foi apurado, em pesquisa, que 37% dos alunos do primeiro grau das escolas britânicas admitiram que sofrem bullying pelo menos uma vez por semana. O tema desperta o interesse de pesquisadores dos Estados Unidos, onde o fenômeno de violência foge do controle. Estima-se que até 35% das crianças em idade escolar estão envolvidas em alguma forma de agressão e de violência na escola.

Em Colorado (EUA), dois adolescentes do ensino médio mataram 13 pessoas e deixaram dezenas de feridos, em um repentino ataque com arma de fogo. Após o ato, cometeram suicídio. Os agressores sofriam constantes humilhações dos colegas de escola.

No Brasil, não há pesquisas recentes sobre o bullying, muito embora seja evidente o aumento do número de agressões e atos de discriminação e humilhação em ambiente escolar.

Estudo feito pela Associação Brasileira Multiprofissional de Proteção à Infância e Adolescência (Abrapia), em 2002, no Rio de Janeiro, com 5875 estudantes de 5^a a 8ª séries, de onze escolas fluminenses, revelou que 40,5% dos entrevistados confessaram o envolvimento direto em atos de bullying.

Em São Paulo, faltam estatísticas oficiais sobre esse tipo de agressão. Porém, diante da maior incidência de casos, algumas escolas paulistas desenvolvem, isoladamente, trabalhos de orientação sobre o assunto.

Como conseqüência do agravamento das ocorrências de bullying, pais de aluno ameaçam processar a escola, acusando professores e diretores de falta de supervisão. Principalmente em atos de violação dos direitos civis e de discriminação racial ou de assédio moral.

Nas ações, os pais requerem indenizações por danos patrimoniais e morais. A responsabilidade da escola é objetiva, ou seja, não precisa provar a intenção, basta a comprovação da omissão.

O bullying é uma forma de agressão que afeta a alma das pessoas. Pode provocar, nas vítimas, um sentimento de isolamento. Outros efeitos são a redução do rendimento escolar e atos de violência contra si e terceiros.

Em 2004, um aluno de 18 anos de uma escola de Taiúva (SP) feriu oito pessoas com disparos de um revólver calibre 38, suicidando-se em seguida. O jovem era obeso e, *por isso, vítima constante de apelidos humilhantes. Alvo de gargalhadas e sussurros pelos corredores.*

O modo como os adolescentes agem em sala de aula, com a colocação de apelidos nos seus colegas, pode contribuir para que pessoas agredidas não atinjam plenamente o seu desenvolvimento educacional. São atitudes comportamentais que provocam fissuras que podem durar para a vida toda.

Criar um estigma ou um rótulo sobre as pessoas é como pré conceituá-las, ou seja, praticar o bullying. Além de ser uma agressão moral, é uma atitude de humilhação que pode deixar sequelas emocionais à vítima. Outros exemplos são os comentários pejorativos sobre peso, altura, cor da pele, tipo de cabelo, gosto musical, entre outros.

A instituição de programa de combate ao bullying nas escolas vai permitir o desenvolvimento de ações de solidariedade e de resgate de valores de cidadania, tolerância, respeito mútuo entre alunos e docentes. Estimular e valorizar as individualidades do aluno. A iniciativa pretende ainda potencializar as eventuais diferenças, canalizando-as para aspectos positivos que resultem na melhoria da auto-estima do estudante. [5]

Os alunos precisam desenvolver a cultura da paz e do respeito. Devem estar conscientes que se vierem a praticar um ato lesivo, de desrespeito e/ou violência, mesmo na menoridade, sua conduta lesiva trará consequências. Consequências como traumas, angústias e dano moral à vítima e o dever de indenizar. No tocante a isso, o artigo 928 do Código Civil Brasileiro leciona que "o incapaz *responde pelos prejuízos que causar,* (grifos meus) se as pessoas por ele responsáveis não tiverem obrigação de fazê-lo ou não dispuserem de meios suficientes.

---

5   Barbosa, Paulo Alexandre/ PSDB de São Paulo. Movimento COEP - Comunidade de olho na escola pública.. Projeto de Lei Nº 350, de 2007.

A Indisciplina e o Ato infracional

Para pacificar e regulamentar os conflitos ocorridos na escola podem ser aplicadas algumas medidas administrativas (extrajudiciais) ou jurídicas.

As medidas administrativas são aquelas aplicadas pela própria escola, ao passo que as medidas jurídicas devem ser aplicadas pelos órgãos jurídicos competentes, analisando-se as especificidades de cada caso.

É nesse sentido que salienta-se a importância de que juristas, famílias e professores tenham conhecimento das medidas juspedagógicas que podem ser aplicadas no ambiente escolar de modo a orientar, educar, prevenir e ainda disciplinar tais conflitos, sem desrespeitar as leis federais existentes e especialmente resguardando o direito de todos que fazem parte do contexto educacional.

Em relação a tais conflitos, Paulo Nader citado pelo jurista Nelson Joaquim[6] dispõe que:

> *A ação do Direito opera-se em duplo sentido: de um lado, preventivamente, ao evitar desinteligências quanto aos direitos que cada parte julga ser portadora; de outro lado, diante do conflito concreto, o Direito apresenta solução de acordo com a natureza do caso, seja para definir o titular do direito, determinar a restauração da situação anterior ou aplicar penalidades de diferentes tipos.*

Muitas vezes confunde-se a Indisciplina com Ato Infracional, considerando-se que ambos são na maioria das vezes atos de desrespeito ao direito de outrem.

Na escola o ato de Indisciplina atinge o próprio aluno agressor, interfere na aula que é direito dos demais alunos e

---

[6] JOAQUIM, Nelson. Direito Educacioal Brasileiro, p 231, 2009.

interrompe o trabalho sistematizador do ensino que é responsabilidade do professor, esteja este em instituição privada ou pública.

> *"Se entendermos por disciplina comportamentos regidos por um conjunto de normas, a indisciplina poderá se traduzir de duas formas: a revolta contra estas normas ou o desconhecimento delas. No primeiro caso, a indisciplina traduz-se por uma forma de desobediência insolente; no segundo, pelo caos dos comportamentos, pela desorganização das relações".[7]*

Referente ao ato infracional, a definição é determinada pelo Estatuto da Criança e do Adolescente, instituindo que "considera-se ato infracional a conduta descrita como crime ou contravenção penal" (art. 103).

De tal modo, toda infração prevista no Código Penal, na Lei de Contravenção Penal e Leis Penais esparsas, se praticada por um adulto (indivíduo na maioridade), constitui crime, se praticada por uma criança ou adolescente (indivíduo na menoridade), trata-se de ato infracional.

Assim, todo ato infracional é um ato de indisciplina, ao passo que nem todo ato de indisciplina é um ato Infracional, considerando-se que toda conduta de desordem e desrespeito praticada por um aluno dentro do ambiente escolar é caracterizada como um ato de indisciplina, desde que não seja tipificada como crime no Direito Penal.

O aluno que se comporta de modo inadequado e antissocial a infringir norma do Regimento escolar dentro do espaço institucional do ensino, interferindo no bom desenvolvimento das atividades pedagógicas pratica ato de indisciplina.

Exemplo: um aluno que atira papel no professor durante

---

[7] TIBA, Içami. Disciplina – Limite na medida certa. São Paulo: Editora Gente, 8ª edição p. 10, 1996.

a explicação para gerar desordem pratica ato de indisciplina; já um aluno que atira a cadeira no professor e o machuca pratica ato infracional, porque incidiu na prática de lesão corporal que é uma conduta tipificada no artigo 129 do Código Penal.

Se o aluno discute verbalmente, atrapalha a explicação da aula e grita com desrespeito ao professor ou contra outro aluno, comete ato de indisciplina, contudo, se este aluno risca o carro do professor ou de outrem, quebra janelas e deteriora o patrimônio já estará praticando ato infracional, pois causou dano, nos moldes do artigo 163 da lei penal.

O desrespeito para com os membros que fazem parte da escola ou educadores, bem como referente aos colegas, também é qualificado como ato de indisciplina. Todavia, se o ato praticado pelo aluno estiver qualificado no âmbito Penal não há que se falar em indisciplina, mas sim ato infracional, como disposto no ECA e explicitado nos exemplos supracitados.

Analisado pelo art. 103 do Eca, "considera-se ato infracional o comportamento descrito como crime ou contravenção penal".

Convém, todavia, analisar ao que já dispunha o art. 27 do Código Penal e o art. 228 da CF/88, de que são penalmente inimputáveis os menores de dezoito anos, sujeitos às medidas previstas na legislação especial (ECA).

Para os efeitos do Eca, deve ser considerada a idade do adolescente na exata data em que ocorreu o fato (art. 104).

Segundo o DJ 08/03/91) no mesmo sentido: HC 7.1881, DJ 19/05/95, a alegação de menoridade deve ser comprovada, em sede processual penal, mediante prova documental específica e idônea, consistente na certidão extraída do assento de nascimento do indiciado, imputado ou condenado. A mera invocação, pelo paciente, de sua condição de menoridade, desacompanhada de meio probatório idôneo — a certidão de nascimento — é insuficiente para justificar o acolhimento de sua pretensão. (HC 68.466, Rel. Min. Celso de Mello.

Analisando os termos inimputabilidade e imputabilidade tem-se que o Código Penal Brasileiro não esclarece o significado de imputabilidade, entretanto, informa situações de inimputabilidade. E segundo o doutrinador Julio Fabbrini Mirabete (p.260, 2005), a imputabilidade é a capacidade de compreender o caráter ilícito do fato e de decidir-se segundo essa percepção.

Assim, há imputabilidade sempre que o sujeito é capaz de compreender a ilicitude de seu comportamento. E em consequência, o indivíduo que não possui aptidão de entendimento é considerado inimputável.

Assim, ao ato infracional praticado por criança corresponderão as medidas protetivas previstas no art. 101 do ECA, ao passo que aos adolescentes cabem aplicação tanto das medidas protetivas do art. 101 quanto as socioeducativas do art. 112 do ECA. Sobre isso o desembargador Napoleão X. do Amarante defende que não é a repressão o remédio adequado a ser ministrado ao infrator na menoridade. Segundo ele:

> *A sua imputabilidade absoluta na esfera do Direito Penal não significa, entretanto, que, para ele, não haja a previsão de medidas adequadas, previamente estabelecidas em lei, com o único escopo de tornar possíveis sua reeducação e seu encaminhamento, como pessoa bem formada, para a cidadania (...)*[8]

Segundo a legislação especial de proteção aos direitos

---

8   Estatuto da Criança e do Adolescente Comentado. Malheiros Editores, p. 371, 2006.

dos indivíduos na menoridade (Eca) nenhum adolescente será privado de sua liberdade senão em flagrante de ato infracional ou por ordem escrita e fundamentada da autoridade judiciária competente.

Além das Garantias Processuais estendidas aos adolescentes que já estão elencadas na própria Constituição Federal de 1988, existe ainda de forma explícita a reafirmação destas do art. 110 ao art. 113 do Eca, esclarecendo que nenhum adolescente será privado de sua liberdade sem o devido processo legal.

São asseguradas ao adolescente (art. 111), entre outras, as seguintes garantias: I - pleno e formal conhecimento da atribuição de ato infracional, mediante citação ou meio equivalente; II - igualdade na relação processual, podendo confrontar-se com vítimas e testemunhas e produzir todas as provas necessárias à sua defesa; III - defesa técnica por advogado; IV - assistência judiciária gratuita e integral aos necessitados, na forma da lei; V - direito de ser ouvido pessoalmente pela autoridade competente; VI - direito de solicitar a presença de seus pais ou responsável em qualquer fase do procedimento.

Referindo-se às Medidas Socioeducativas (art. 112), verificada a prática de ato infracional, a autoridade competente poderá aplicar ao adolescente as medidas de: I - advertência; II - obrigação de reparar o dano; III - prestação de serviços à comunidade; IV - liberdade assistida; V - inserção em regime de semiliberdade; VI - internação em estabelecimento educacional; VII - qualquer uma das previstas no art. 101, I a VI.

A medida aplicada ao adolescente levará em conta a sua capacidade de cumpri-la, as circunstâncias e a gravidade da infração (§ 1º), em hipótese alguma e sob pretexto algum, será admitida a prestação de trabalho forçado (§ 2º). E quanto aos adolescentes portadores de doença ou deficiência mental receberão tratamento individual e especializado, em local adequado às suas condições (§ 3º).

Em suma, o fato atribuído à criança e ao adolescente, embora enquadrável como crime, em decorrência da idade não constitui contravenção nem crime. Segundo o referido jurista "não se cuida de uma ficção, mas de uma entidade jurídica a encerrar a ideia de que também o tratamento a ser deferido ao seu agente é próprio e específico".

> *Para o crime e para a contravenção comina-se pena no seu mais puro significado. Já para os atos infracionais, em relação à criança tem cabimento seu encaminhamento aos pais ou responsáveis, mediante termo de responsabilidade; orientação, apoio e encaminhamento temporários; matrícula e frequência obrigatórias em estabelecimento oficial de auxílio à família, à criança e ao adolescente; requisição de tratamento médico, psicológico ou psiquiátrico, em regime hospitalar ou ambulatorial; inclusão em programa oficial ou comunitário de auxílio, orientação e tratamento a alcoólatras e toxicômanos; abrigo em entidade e colocação em família substituta (art. 105, c/c o art. 101 do Estatuto). Os adolescentes sujeitam-se, entretanto, à advertência; obrigação de reparar o dano; prestação de serviços à comunidade; liberdade assistida; inserção em regime de semiliberdade; internação em estabelecimento educacional e qualquer uma das previstas no art. 101, I a VI (art. 112).[9]*

Analisando-se o alto índice de violência nacional que tem alcançado de modo exponencial o ambiente escolar, é imprescindível que juristas e professores tenham conhecimento das medidas juspedagógicas que podem ser aplicadas no ambiente escolar, sem desrespeitar as leis federais existentes e especialmente resguardando o direito de todos que fazem parte do con-

---

9   Idem, p. 362.

texto educacional, sobretudo equilibrando tais direitos ao dever de respeitar o próximo. Afinal, dever/obrigação é algo que deve pautar a vida de cada cidadão, independente da idade.

Já o ato de indisciplina escolar é aquele comportamento que, embora não seja caracterizado como crime ou contravenção penal, fere o direito dos demais membros da escola, afeta de modo negativo o convívio social e atrapalha o bom desenvolvimento do processo de ensino e aprendizagem, impedindo que seja aplicado em caráter de normalidade o conteúdo curricular planejado, atrapalhando, sobretudo, que os demais alunos tenham condições adequadas para atentarem e participarem de modo satisfatório das atividades de sistematização da Educação, gerando atmosfera de desordem.

Obedecendo ao disposto na LDB de que os estabelecimentos de ensino, respeitadas as normas comuns e as do seu sistema de ensino, possuem a incumbência de elaborar e executar sua proposta pedagógica (Art. 12) e esta proposta pedagógica engloba os direitos e os deveres que cada participante da instituição escolar possui para bem cumprir os objetivos da educação, bem como as medidas cabíveis quando do não cumprimento.

No Brasil os conselhos Escolares possuem fundamental importância nas discussões e elaborações dos Regimentos Escolares, uma vez que é neste que são registradas as regras e normas de determinada Escola.

Os comportamentos, bem como as medidas cabíveis aos atos de indisciplina devem estar previstos no Regimento de cada escola, considerando-se que, segundo a Constituição Federal (art. 5º, XXXIX) "não há crime sem lei anterior que o defina, nem pena sem prévia cominação legal" (princípio da legalidade). O Regimento, obedecido o princípio da equidade, define a organização administrativa, didática e disciplinar dos estabelecimentos de ensino; está determinado no art. 5º, LV da Constituição Federal de 1988, que "aos litigantes, em processo judicial ou administrativo, e aos acusados em geral são assegurados o contraditório e ampla defesa, com os meios e recursos a ela inerentes".

O tratamento, seja criança ou adolescente é o mesmo tratando-se da aplicação do Regimento escolar, com as implicações nele previstas. Salienta-se, entretanto, que uma regra fundamental deve ser analisada: Na interpretação e aplicação do Regimento Escolar, deve-se levar em consideração os fins sociais da norma e a condição peculiar da criança e do adolescente como pessoas em desenvolvimento, como previsto no art. 6º do Estatuto da Criança e do Adolescente.

Assim, as determinações de cada Regimento não poderão conflitar com a legislação vigente e sempre protegendo o princípio do contraditório e da ampla defesa, garantindo-se ainda a assistência dos pais ou responsáveis, no caso de alunos na menoridade (menores de 18 anos).

A seguir, uma lista constando exemplos de comportamentos que são caracterizados como atos de indisciplina escolar, de acordo com alguns Regimentos Escolares ora analisados:

a. Portar objetos contundentes que atentem contra a integridade física de pessoas na unidade de ensino;

b. Introduzir e usar bebidas alcoólicas, cigarros e outras drogas em qualquer ambiente da unidade de ensino;

c. Provocar desordem de qualquer natureza no âmbito da unidade de ensino;

d. Promover, sem autorização do Diretor, sorteios, coletas ou subscrições, usando para tais fins, o nome do Estabelecimento;

e. Distribuir no recinto do Estabelecimento quaisquer boletins ou impressos sem autorização da Direção;

f. Ocupar-se durante as aulas de assuntos a elas estranhos;

g. Fomentar ou participar de faltas coletivas;

h. Ausentar-se da sala de aula sem permissão do professor, e do Estabelecimento, sem autorização da Direção;

i. Insuflar colegas à desobediência ou desrespeito ao Regimento e às normas internas do estabelecimento de ensino.

Assim, havendo a prática de tais atos tidos como atos indisciplinares, a exemplo das condutas acima mencionadas ou outras que também caracterizem indisciplina, a medida disciplinar escolar deve passar pelo crivo do princípio da proporcionalidade com o ato cometido, preferindo sempre atentar para o caráter educativo do regimento; deve-se atentar ainda para o princípio da legalidade, o qual caracteriza que a medida deve estar inserida no Regimento da escola e o procedimento de investigação disciplinar que proporcionará a ampla defesa do aluno, com a devida informação aos pais ou responsáveis.

Referindo-se a atos infracionais na escola, exemplificam-se algumas atitudes caracterizadas como tais: atentar contra a integridade física de outrem; agredir fisicamente; atentar contra a vida de outrem; furtar ou roubar; consumir qualquer tipo de droga; manter relações sexuais ou praticar atos libidinosos; portar arma de fogo ou arma branca.

As medidas aplicadas nos limites de competência da unidade escolar, (de acordo com a prática de algumas escolas pesquisadas para esta obra), geralmente variam de acordo com a gravidade da falta cometida, podendo ser:

a. Advertência oral;

b. Advertência escrita;

c. Repreensão;

d. Suspensão temporária de algumas atividades ou disciplinas;

e. Transferência de turma ou de turno (para protegê-lo de risco comprovado e com anuência dos pais), após ouvir o conselho escolar, ou na ausência deste, o conselho de classe;

f. Suspensão por 03 (três) dias de participação em determinada e/ou toda e qualquer atividade escolar.

Já referente a esta medida de suspensão há inúmeros questionamentos no que se refere à legalidade desta, considerando-se que, embora a escola possa e deva aplicar medidas de controle contra a violência, promovendo com isto procedimentos para educar para a cidadania e o convívio pacífico, em momento algum poderá violar direitos e/ou garantias constitucionais preestabelecidas.

Expulsar o aluno suspendendo-o da possibilidade de assistir às aulas é discutível, segundo alguns doutrinadores do Direito, pois gera desrespeito ao direito à Educação preconizado pela Constituição Federal.

Sabe-se que um aluno indisciplinado e violento, além de não aprender, impossibilita que os demais colegas de classe também consigam, haja vista que a desordem ocasiona impossibilidade de um bom trabalho pedagógico do professor enquanto ensina.

Manter o aluno indisciplinado na escola é prejuízo para a

classe, expulsá-lo é prejuízo para ele, e, diante disso, a escola fica envolvida num grande dilema, porque expulsar é considerado pela legislação brasileira como ato ilegal.

Aqui ressalta-se a importância do papel da família, esta que possui o dever de educar e ensinar ao filho as condutas adequadas na sociedade e também na escola, sobretudo mostrar desde cedo a importância e necessidade do respeito aos demais.

Infelizmente esperar que o Estado através da Escola promova educação sem a família, torna-se um sonho impossível, na maioria dos casos, uma vez que a Educação depende também da responsabilidade que a família deve assumir sobre os filhos que possui ou gerou.

Há a informação de que o Ministério Público do Estado de São Paulo impetrou Mandado de Segurança contra medida aplicada pela diretora de uma determinada escola municipal por ter compelido adolescente a transferir-se para outra instituição de ensino, em decorrência de tal comportamento irregular e indisciplinado.

Ocorreu que não havia vaga nos demais estabelecimentos de ensino indicados pela referida diretora.

Tal medida, segundo a inicial, tornou-se ilegal vez que a autoridade coatora impediu o adolescente de prosseguir seus estudos.

Concedida a liminar, a Autoridade Coatora apresentou informações a fls. 40/43, alegando, em síntese, em preliminar a incompetência do juízo e, no mérito, que a atitude foi a melhor, conciliando a autoridade da escola, a segurança dos alunos, professores e funcionários e a dignidade do adolescente, alertando, ainda, que a permanência do adolescente no estabelecimento resultará em precedente perigoso para toda a comunidade escolar.

A fls. 60/63 o Ministério Público manifestou-se pela procedência.

(...)

No mérito, a segurança procede.

Não se nega a necessidade de haver disciplina escolar e que condutas irregulares devem ser reprimidas, porque certamente deseducativas e preocupantes, mas toda providência punitiva deve adequar-se à Constituição e à Lei.

No caso concreto, a medida de transferência do adolescente, ainda que considerada a mais adequada, somente poderia ter sido adotada se a própria Administração propiciasse a outra vaga em condições razoáveis, ou seja, de existência, local e horário.

(...)

À vista do exposto, julgo procedente a segurança para confirmar a liminar, mantida a matrícula do adolescente, sem prejuízo de que atos de indisciplina, especialmente os que caracterizem ato infracional, sejam apurados e sancionados nos termos legais e regulamentares.

Remetam-se os autos ao Egrégio Tribunal de Justiça, para o reexame necessário.

P.R.I. São Paulo, 31 de agosto de 1998.

MARIA DE LOURDES RACHID VAZ DE ALMEIDA Juíza de Direito.

Em análise às doutrinas de Direito Educacional, não foi encontrado no presente estudo, nenhum doutrinador que concorde com a aplicação de expulsão de alunos, (a LDB e a CF/88 não autorizam a expulsão de alunos da Escola), mesmo em decorrência de atos de indisciplina ou ato infracional devido à garantia ao direito fundamental à Educação. Antes, vários estudiosos têm defendido que, para prevenir a integridade e a incolumidade física das partes, se necessário pode-se retirar por determinado tempo o aluno de uma determinada sala de aula até que o retorno à sala possa ocorrer com a devida segurança. Desse modo, sem prejuízo das leis vigentes e normas regimentais, este deverá ser conduzido a outro espaço da escola e ter direito ao mesmo conteúdo curricular de sua classe, com acompanhamento de um profissional, tudo sem deixar de fazer relatórios, notificar o aluno atendido e seus pais, e por fim proceder o encaminhamento devido ao Conselho Tutelar ou à Delegacia, conforme o caso, na forma como será melhor detalhado mais adiante.

Analise-se que a natureza jurídica do Regimento Escolar é administrativa e pedagógica, ao passo que a Natureza Jurídica das Medidas Protetivas segundo Munir Cury (2008, p.121) é de cunho especificamente pedagógico, destinada ao fortalecimento dos vínculos familiares e comunitários.

Já as Medidas Socioeducativas são de natureza ressocializadora e educacional; e trata-se de medidas com caráter predominantemente reeducador, que faz com que o Estado aplique-as visando preparar a pessoa humana para uma vida feliz e útil (idem, 2006, p. 406).

De acordo com as leis federais e a doutrina de Direito Educacional, através das figuras abaixo expostas é possível analisar quais os encaminhamentos que a escola deve utilizar referente aos casos de Indisciplina e de Ato Infracional:

Figura 1 – Da Indisciplina cometida por Criança ou Adolescente:

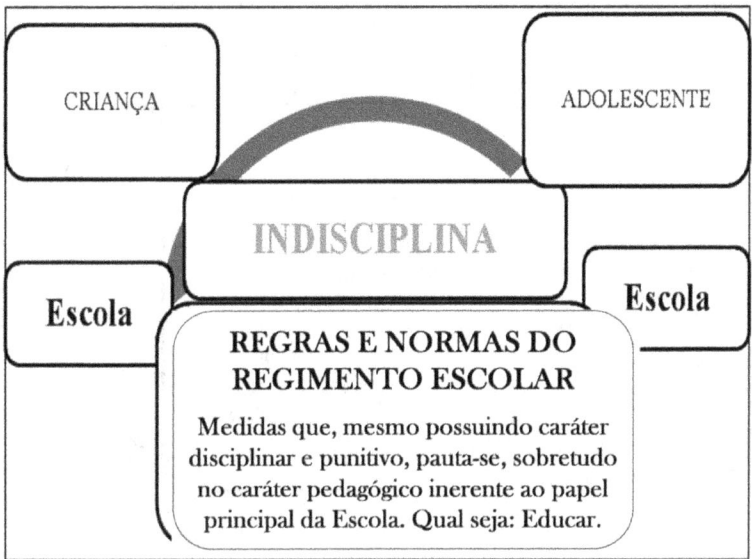

Fonte: A autora.

Quando da Indisciplina, conforme se vê na figura 1, quando praticada tanto por criança (até 12 anos incompletos) como por adolescente (de 12 a 18 anos incompletos), cabe à escola investigar o fato e aplicar as devidas medidas administrativas e pedagógicas constantes no Regimento Escolar.

Em todos os casos, independente da idade, tratando-se de ato infracional ou indisciplina, os pais ou responsáveis devem ser notificados pela escola para viabilizar à família o cumprimento do seu papel de educar e acompanhar o desenvolvimento dos filhos.

Figura 2 – Do Ato Infracional cometido por Criança ou Adolescente:

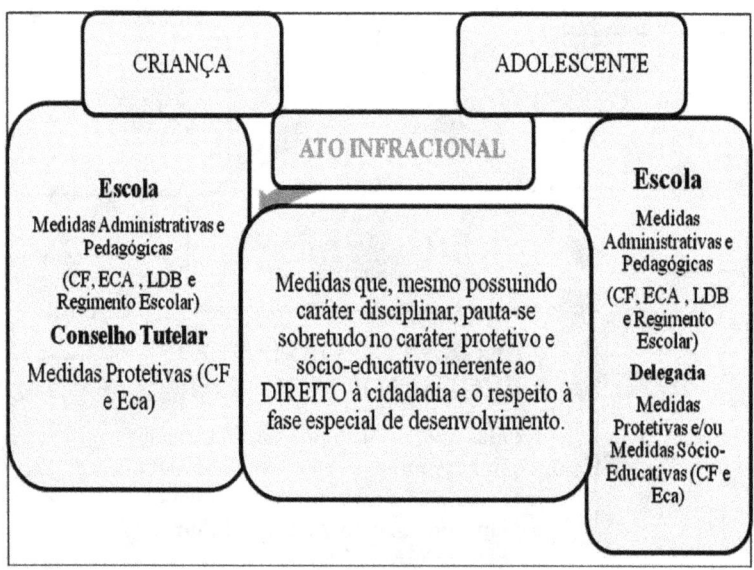

Fonte: A autora.

Já quando do Ato Infracional, analisa-se primeiramente a idade do indivíduo.

Conforme a figura 2, tratando-se de criança (até 12 anos incompletos), a escola deve registrar toda a ocorrência em arquivo próprio e além das medidas administrativas e pedagógicas aplicadas pela Escola, esta deve encaminhar o aluno ao Conselho tutelar, o órgão administrativo responsável pela aplicação das medidas protetivas previstas no ECA em obediência à Constituição Federal que prevê a proteção integral.

Tratando-se de adolescentes (de 12 a 18 anos incompletos), que também pratiquem ato infracional, além das medidas administrativas do Regimento escolar, a escola deve registrar tudo em seus arquivos e depois encaminhar o fato à Delegacia e esta tomará as medidas jurídicas pertinentes, no sentido de que o adolescente receba através do Juizado da Infância e Juventude as medidas protetivas e/ou as medidas socioeducativas previstas em lei.

Assim, ao analisar a legislação que postula sobre a criança, o adolescente e o Direito Educacional, em momento algum há liberdade ou autorização legal para que o indivíduo sob a alegação de estar na menoridade pratique atos de desrespeito às leis ou a Regimentos Escolares.

O Estatuto em momento algum entra em conflito com a Constituição, não conferindo à criança ou ao adolescente qualquer "superdireito" ou "imunidade" que lhes dê um "salvo-conduto" para não terem de também respeitar os direitos constitucionais a TODOS garantidos. Apenas REPRODUZ alguns desses direitos individuais já relacionados pela Constituição a TODO CIDADÃO, independentemente de sua idade e, em alguns casos, lhes dá uma "nova roupagem", sem, no entanto, lhes alterar a essência, deixando claro que crianças e adolescentes TAMBÉM deles são titulares.

Tamanha preocupação do legislador decorre da sistemática vigente antes do advento do Estatuto, na qual crianças e adolescentes (chamados genericamente de "menores"), eram considerados meros OBJETOS DA INTERVENÇÃO DO ESTADO, sem qualquer direito explicitamente reconhecido e sem serem, portanto, considerados CIDADÃOS.

Com o Estatuto, crianças e adolescentes passaram ao status de SUJEITOS DE DIREITOS, em igualdade de condições com todos os demais CIDADÃOS, a exemplo do que já deixa claro o art. 5º, caput e inciso I de nossa Constituição Federal, onde temos que **"todos são iguais perante a lei, sem distinção de qualquer natureza, garantindo-se aos brasileiros a inviolabilidade do direito à vida, à liberdade, à segurança, à propriedade, nos seguintes termos."** *e* **"homens e mulheres são iguais em direitos e obrigações, nos termos desta Constituição"** *(verbis).*

Assim sendo, partindo da elementar constatação de que

*crianças e adolescentes se enquadram no conceito de "***homens e mulheres***" a que se refere a Constituição Federal, a eles também incide a regra básica de conduta social segundo a qual "***o direito de cada um vai até onde começa o direito do outro***", sendo lógico que toda criança e todo adolescente, embora sejam SUJEITOS de direitos fundamentais garantidos pela Constituição e reproduzidos pelo Estatuto, TAMBÉM têm o DEVER de RESPEITAR os direitos de seu próximo, que são de mesma qualidade, quantidade e intensidade que os seus, sendo esta obrigação natural decorrente não do Estatuto, mas da própria Constituição da República à qual está aquele subordinado (MURILO JOSÉ DIGIÁCOMO).*

A lei brasileira não autoriza o desrespeito ao direito de quem quer que seja, nem produz permissividade para que o indivíduo descumpra a lei e as boas normas de condutas sociais por estar na menoridade, como criança ou adolescente.

Sobre isso escreve Liberati (2004, p. 243-245):

O direito ao respeito deve ser exercido em "mão dupla", ou seja, não é devido somente às crianças e adolescentes, mas também aos educadores, professores, diretores e outros profissionais da educação, que devem ser respeitados pelos alunos. A conduta desrespeitosa do aluno, dependendo do caso, pode configurar um ato infracional, nos termos do art. 103 do ECA – como, por exemplo, a injúria.

A ruptura dessa garantia jurídica – quer dizer, a conduta desrespeitosa ao educando (criança ou adolescente) – pode configurar ilícito penal, tipificado no art. 232 do ECA, que dispõe que: "submeter criança ou adolescente sob sua responsabilidade, guarda ou vigilância a vexame ou constrangimento: pena – detenção de seis meses a dois anos.

De tal modo, o aluno na menoridade, possui o direito e a garantia constitucional de estar inserido numa instituição de ensino, a LDB especifica tais garantias, o ECA garante tal direito e pune a violação deste, a exemplo do Código Penal quando trata do crime de abandono intelectual.

Contudo, a lei não cria a permissão para que este indivíduo que tem seu direito educacional garantido, seja criança ou adolescente, venha ferir ou desrespeitar o direito dos demais membros que fazem parte do ambiente escolar e descumpra suas obrigações inerentes ao seu dever de portar-se socialmente com civilidade, educação e respeito a TODOS.

Considerações Finais

O Direito Educacional e os DEVERES educacionais das Crianças e dos Adolescentes

A legislação brasileira traz de forma clara a garantia de que os indivíduos criança ou adolescente (menoridade) possuem o direito à Educação. Destaca-se o art. 53 do Eca estatuindo que a criança e o adolescente têm direito à educação, visando ao pleno desenvolvimento de sua pessoa.

O legislador, partindo da comprovação de desrespeito existente nas várias esferas da sociedade, declara a garantia de que o aluno na menoridade seja respeitado por seus educadores e tenha segurança para buscar e usufruir de seus direitos educacionais: estudar gratuitamente próximo de sua residência, rever avaliações quando discordar da correção feita pelo professor, dentre outros.

> *"Os direitos de cada pessoa são limitados pelos direitos dos demais, pela segurança de todos e pelas justas exigências do bem comum, numa sociedade democrática."*
>
> *(Artigo 32, 2 da CIDH - Convenção Americana Sobre os Direitos Humanos)*

Em especial, tratando-se de crianças e adolescentes, que possuem direito à proteção integral, o professor tem o dever de respeitar seus direitos, denunciar quando presenciar o desrespeito a estes e será punido na forma da lei se assim não proceder.

Contudo, percebe-se no cenário brasileiro um grande índice de desrespeito no ambiente escolar, ora de aluno a aluno, ora de professor a alunos e na maioria das vezes o desrespeito parte dos alunos em face do professor. Observa-se que na escola, muitos alunos, utilizando-se das informações quanto à garantia de seus direitos, desrespeitam o direito uns dos outros.

O legislador ao instituir o Estatuto da Criança e do Adolescente não teve a finalidade de com seu trabalho criar uma desordem social, desorganizar as relações, ou assentar um indivíduo como superior ao outro, entretanto, objetivou mostrar e delegar que, tanto quanto os adultos, em especial por estarem em fase de desenvolvimento, a criança e o adolescentes devem sobretudo, ter tal condição respeitada, protegida, até porque é regra natural que o mais forte deve proteger o mais frágil. Contudo, isso não exclui ao mais frágil o dever de portar-se com respeito e civilidade para com os demais, evitando, sobretudo, a conduta violenta.

O Estado não tem conseguido promover educação com a qualidade necessária e devida, diante de inúmeros fatores, como: fatores profissionais, econômicos, sociais, políticos e ainda pela desordem ocasionada pela indisciplina e pelo ato infracional, durante as aulas, que cada vez mais intensamente vêm sendo praticados pelas crianças e adolescentes ainda em tenra idade.

Diante disso, quando há na escola um episódio de indisciplina ou ato infracional grave envolvendo crianças e adolescentes, alguns culpam o Estatuto da Criança e do Adolescente, como o responsável por tais desmandos; outros alegam que tal lei trata apenas de direitos e em consequência disso tenha aumentado a falta de respeito no ambiente escolar e acelerado o índice de violência, práticas do *bullying*, indisciplina, ato infracional e prejuízos sociais diversos, culminando na baixa qualidade educacional. Afinal, num ambiente onde a desordem impera e prevalece, como se concentrar e refletir sobre conceitos e assimilar os conteúdos escolares?!?!

Como conquistar qualidade educacional sem condições propícias para a assimilação dos conteúdos do currículo que é proposto pela Escola?

O que o legislador idealizou ao criar uma lei de proteção integral como o ECA às crianças e aos adolescentes?

Entende-se que o legislador ao instituir o Estatuto da Criança e do Adolescente não teve a finalidade de com seu trabalho criar uma desordem social, desorganizar as relações, ou qualificar um indivíduo como superior ao outro. Entretanto, objetivou mostrar e delegar que, tanto quanto os adultos, em especial por estarem em fase de desenvolvimento, a criança e o adolescentes devem, sobretudo, ter tal condição respeitada, protegida, até porque é regra natural que o mais forte deve proteger o mais frágil. Contudo, isso não exclui ao mais frágil o dever de portar-se com respeito e civilidade para com os demais, evitando, sobretudo, a conduta violenta.

Observe, porém que o artigo 6º do Eca postula que na interpretação do Estatuto da Criança e do Adolescente levar-se-ão em conta os fins sociais a que ele se dirige, as exigências do bem comum, os direitos e deveres individuais e coletivos, e a condição peculiar da criança e do adolescente como pessoas em desenvolvimento, e isso revela sob quais prismas deve ser interpretado tal estatuto, ponderando direitos e TAMBÉM DEVERES.

Segundo o doutrinador Luiz Antônio Miguel Ferreira (2008, p. 61):

> *Ao estabelecer que crianças e adolescentes têm direito à liberdade, ao respeito e à dignidade como pessoas em desenvolvimento, assegurando-lhes direitos civis, humanos e sociais, o Estatuto elevou-os da condição de meros receptores de benefícios para satisfação de suas necessidades básicas, considerando-os agentes que podem trabalhar, direta ou indiretamente, para a conquista dos direitos contemplados, assumindo, em contrapartida, as obrigações que lhe são naturais.*

De tal modo, ao tratar da vida em sociedade e em especial, ao fazer referência ao Direito Educacional, deve-se desenvolver a consciência da necessidade de respeito mútuo. E o Estatuto (ECA) não foi idealizado pelo legislador para criar um caos social, mas para pacificar e não criar um grupo específico de pessoas que, por terem a garantia de uma proteção especial, venham, por isso, descumprir a lei ou desrespeitar o outro, seja este aluno, professor ou quem quer que seja.

A legislação brasileira, tratando-se de crianças e adolescentes possui medidas jurídicas específicas para educar suas condutas antijurídicas fora do ambiente escolar ou em suas dependências. Tratando-se de crianças, são aplicáveis as medidas protetivas de I - encaminhamento aos pais ou responsável, mediante termo de responsabilidade; II - orientação, apoio e acompanhamento temporários; III - matrícula e frequência obrigatórias em estabelecimento oficial de ensino fundamental; IV - inclusão em programa comunitário ou oficial de auxílio à família, à criança e ao adolescente; V - requisição de tratamento médico, psicológico ou psiquiátrico, em regime hospitalar ou ambulatorial; VI - inclusão em programa oficial ou comunitário de auxílio, orientação e tratamento a alcoólatras e toxicômanos; VII - abrigo em entidade; VIII - colocação em família substituta (art. 101).

Quanto ao adolescente, verificada a prática de ato infracional, a autoridade competente poderá aplicar a este as seguintes medidas: I - advertência; II - obrigação de reparar o dano; III - prestação de serviços à comunidade; IV - liberdade assistida; V - inserção em regime de semiliberdade; VI - internação em estabelecimento educacional (art. 112).

Para o educador Paulo Freire, "estudar exige disciplina; estudar não é fácil, porque estudar pressupõe criar e não apenas repetir o que outros dizem... Estudar é um DEVER revolucionário".

Assim, o aluno na menoridade, possui o direito e a garantia constitucional de estar inserido numa instituição de ensino, onde há a necessidade de cumprimento de alguns deveres. A LDB especifica garantias educacionais, o Eca garante e pune a violação desse direito, a exemplo do Código Penal quando trata do crime de abandono intelectual, contudo, sem criar com isso a permissão para que este indivíduo que tem seu direito educacional garantido venha ferir ou violar o direito dos demais membros que fazem parte do ambiente escolar, de modo a descumprir a obrigação de portar-se socialmente com civilidade, educação, respeito e urbanidade.

A indisciplina tem crescido sobremaneira nas escolas do Brasil, os veículos da mídia noticiam tal fato de modo a comprová-lo, e a prática dessa violência e desrespeito ao próximo no ambiente escolar impede o que preconiza a Constituição

Federal quando descreve que a educação visa ao pleno desenvolvimento da pessoa, ao preparo para o exercício da cidadania e à qualificação para o trabalho.

Afinal, que tipo de Educação um ambiente indisciplinar e violento pode sistematizar ou oferecer?!?!

A Educação é um direito social subjetivo ao qual o indivíduo que desejar tê-la basta exigir do Estado, entretanto o que não deve ser esquecido é que a qualidade da Educação depende também de cada um, depende de motivação extrínseca, externa, do meio, proporcionada pela escola, pelo professor. Entretanto, a motivação para aprender igualmente depende da motivação intrínseca e individual do aluno, em razão disso existem consequências escolares e na vida social em que não se pode colocar a culpa no Estado, na Escola e no mundo.

A legislação brasileira, tanto para adultos como tratando-se de crianças e adolescentes, possui medidas jurídicas específicas contra as condutas antijurídicas no convívio social. Assim, não se pode falar na inexistência de deveres educacionais aos indivíduos na menoridade, considerando-se que a educação sistematizada ocorre no meio social, incluindo a Escola.

O Estado deve fazer sua parte, a família também tem a obrigação de cumprir o dever de casa e educar os filhos que originou e, assim, cada aluno, independente da idade deverá ser orientado no sentido de que para cada direito há um dever que lhe é inerente e quanto ao Direito Educacional não é diferente.

Precisa-se de professores capacitados e habilitados para que a Educação escolar sistematizada aconteça com qualidade, contudo, se o aluno não faz sua parte, o Estado terá apenas despesa com quase nenhum resultado. E nisso a família tem papel fundamental. Ter filhos, constituir família implica responsabilidades e os pais precisam perceber que são responsáveis pelas suas proles e assumir, sobretudo, suas obrigações educacionais diante dos filhos que gerou.

É urgente a necessidade de que as crianças e adolescentes saibam que todos, independente da idade, devem cumprir a lei e respeitar os direitos dos outros fora da escola e também em suas dependências, haja vista que não é possível usufruir bem do direito à Educação e construir um desenvolvimento educacional sistematizado, pleno e qualitativo numa sala de aula onde emana a desordem e a indisciplina, num espaço onde a violência parece algo banal, descumprindo as obrigações inerentes ao pleno exercício desse direito (à Educação) que requer e urge pelo necessário respeito ao direito de todos.

Vagas na escola é algo estritamente relevante, contudo, não basta apenas a garantia de vagas nas Escolas, antes vale também a postura que se tem diante dessa garantia. Que todos nós, pais, professores, gestores, crianças e adolescentes tenhamos esta consciência.

As crianças e os adolescentes podem exigir que o governo (Estado) promova meios e mecanismos para educá-los de modo sistematizado e científico, entretanto,

Não é a forma física ou a raça que determina onde o indivíduo vai chegar. Tudo isso pode até ser uma dificuldade, mas nunca um impedimento. Assim como a classe social não foi impedimento para muitos que conquistaram grandes espaços e fizeram grandes colheitas, mesmo gerados num seio familiar com parcos recursos financeiros. Escola é lugar de plantar sementes. É lugar de cumprir deveres.

esta Educação se processará qualitativamente quando estes reconhecerem que também possuem obrigações no processo.

A Constituição Federal Brasileira de 1988 visa assegurar

uma Educação capaz de gerar e imprimir em cada aluno (educando) a cidadania, a consciência de direitos aliados a deveres, busca a existência de uma Educação pautada na equidade, no equilíbrio, visando uma cidadania consciente na qual o indivíduo conhecedor de seus direitos, em contrapartida, respeite os direitos que também são inerentes aos demais, cumprindo, portanto, seu dever de respeitar o outro na exata medida em que exige respeito para si.

É necessário que seja desenvolvida uma cultura de Paz na Escola. E tal resultado só será possível quando os agentes envolvidos, conhecedores de seus direitos reconhecerem também a necessidade de cumprir suas obrigações. É urgente a necessidade de os pais informarem aos filhos e aos alunos que suas condutas serão seguidas por suas respectivas consequências. É a lei natural da vida. É a sequência legal da natureza: toda colheita é o exato resultado de determinada semente que fora plantada.

Toda conduta tem seus resultados. É a lei natural do retorno. A conhecida lei da semeadura, de modo que se o aluno é aplicado, desenvolve as atividades propostas pelo currículo escolar e respeita a coletividade, a expectativa é que esta semente brote com resultados positivos em seu futuro.

Tais resultados serão evidenciados na vida da sociedade e do próprio indivíduo. É fato do qual não há como fugir.

Precisa-se de alunos e filhos que futuramente não precisem mendigar vagas em concursos, empregos e cursos superiores com a muleta das cotas mais diversas. Não desejo com isso atacar o sistema das cotas e para tratar disso, precisaríamos de mais um livro inteiro apenas para considerar o tema. Contudo, ao passo que muitos alunos dedicados utilizam as cotas apenas porque estas encontram-se disponíveis, muitos outros que portaram-se de modo indisciplinado, irregular e não conseguiram aprender adequadamente porque fizeram da Escola uma balbúrdia, quando precisam de vagas na vida competitiva não alcançam resultados favoráveis e dependem da ajuda do sistema social. Até porque com a semente plantada sem o devido cuidado não conseguem vencer, competir e conquistar por mérito.

Há um Provérbio chinês que diz que "os professores abrem a porta, mas você deve entrar por você mesmo."

"Os professores abrem a porta, mas você deve entrar por você mesmo." (Provérbio Chinês)

Não é a forma física, o estereótipo ou a raça que determinam onde o indivíduo chegará. Tudo isso pode até ser uma dificuldade, mas nunca um impedimento. Assim como a classe social não foi impedimento para muitos que conquistaram grandes espaços, realizaram consideráveis e admiráveis colheitas, mesmo gerados num seio familiar com parcos recursos financeiros. Escola é lugar de plantar sementes. É lugar de cumprir deveres. Estudar é um dever particular que trará retorno pessoal e que beneficiará também a sociedade.

Que nossos alunos alcancem o pleno desenvolvimento da pessoa e o devido preparo para o exercício desta cidadania tão necessária em nossa sociedade, sobretudo, com a consciência de que para a garantia plena dos direitos é imprescindível a prática e o reconhecimento dos deveres que são inerentes a todo cidadão. Pois, independente de credo, raça, sexo ou grau de instrução, esteja em idade avançada, seja adulto, adolescente ou criança, TODOS, em casa ou na Escola devem respeitar aos demais na exata medida em que é exigível o respeito para si.

Bibliografia

ABRAMOVAY, Miriam. Cotidiano das escolas: entre violências. Brasília: UNESCO, Observatório de Violência, Ministério da Educação, 2005.

_____ Violência nas escolas/Miriam Abramovay ET AL. Brasília: UNESCO, 2003.

BRANDÃO. Carlos Rodrigues. O que é Educação. São Paulo: Ed. Brasiliense. 33ª edição, 1995.

BRANDÃO. Carlos da Fonseca. LDB Passo a Passo. São Paulo: Avercamp Educação Editora, 2007.

ACQUAVIVA, Marcus Cláudio. Dicionário básico de Direito Acquaviva. 2.ed. São Paulo: Jurídica Brasileira, 1997.

BRASIL, Código Civil. Brasília: Senado Federal, 2017.

_____ Constituição Federal. Brasília: Senado Federal, 2017.

_____ Código Penal. Brasília: Senado Federal, 2017.

_____Estatuto da Criança e do Adolescente. São Paulo: Cortez, 2017.

_____Lei de Diretrizes e Bases da Educação - LDB. Brasília: Senado Federal, 2017.

_____Plano Nacional de Educação. Brasília: Mec, 2001.

_____ Secretaria de Educação Especial. Política Nacional de Educação especial. Livro I,. Brasília: MEC/SEESP, 1994.

CRETELA, Júnior. Curso de Direito Romano. Rio de Janeiro: Companhia Editora Forense, 2000.

CURY, Munir. Estatuto da Criança e do Adolescente - Comentários Jurídicos e Sociais. São Paulo: Malheiros Editores, 2008.

DIGIÁCOMO, Murillo José – ESTATUTO DA CRIANÇA E DO ADOLESCENTE: DIREITOS X DEVERES - Disponível online em www.mp.go.gov. br. Acesso em 24/08/2008.

DINIZ, M. H. Direito Civil Brasileiro. 1º volume. Ed. Saraiva. São Paulo, 19ª edição, 2002.

FARIA, Brito. Revista Veja. Educação com medo dos alunos. Disponível em http://portal.aprendiz.uol.com.br. Acesso em 02/07/2008.

FERREIRA, Dâmares. Direito Educacional em Debate. V. I.São Paulo: Cobra Editora 2004.

FERREIRA, Luiz Antonio Miguel. A Indisciplina e o ato Infracional. Disponível em: http://www.abmp.org.br, em 14 de agosto de 2009.

_____ O Estatuto da Criança e do Adolescente e o Professor- Reflexos na sua formação e atuação. São Paulo: Editora Cortez, 2008.

FILHO, Nazir Milano David e Rodolfo Cesar Milano. Estatuto da Criança e do Adolescente Comentado e Interpretado de acordo com o Novo Código Civil. São Paulo: Livraria e Editora Universitária de Direito, 2004.

JOAQUIM, Nelson. Direito Educacional Brasileiro. Rio de Janeiro: Editora Livre Expressão, 2009.

KREUTZ, L. A educação básica: um olhar sob a perspectiva histórica. In: STREECK, D. A educação básica e o básico na educação. Porto Alegre: Sulina/Unisinos, 1996.

LIBERATI, Wilson D. Conteúdo material do direito à educação escolar. In: LIBERATI, W. D. (Org.). Direito à educação: uma questão de justiça. São Paulo: Malheiros Editores, 2004.

_____. Estatuto da criança e do adolescente comentado. Rio de Janeiro: Marques Saraiva Gráficos e Editores.

LIMA. Jean Carlos. Direito educacional: perguntas e respostas do cotidiano acadêmico. São Paulo: Editora Avercamp, 2005.

MALUF, Sahid. Teoria Geral do Estado. São Paulo: Saraiva, 2003.

MIRABETE. Júlio Fabbrini. Código Penal Interpretado. São Paulo: Editora Atlas S.A, 2005

MUNIZ, Regina Maria F. O direito à Educação. Rio de Janeiro: Renovar, 2002.

OLIVEIRA, Pérsio Santos. Introdução à Sociologia da Educação. São Paulo: Ática, 2005.

PENSE E MUDE. Disponível em :http://penseemude.blogspot.com/2007/10/o-que-há-com-as-crianças-de-hoje.html. Acesso em 02/08/2007.

PEREIRA, Antônio Jorge da Silva. Direito educacional – Aspectos Práticos e Jurídicos. São Paulo: Quartier Latin, 2008.

PEREIRA, P. A. desafios contemporâneos para a sociedade e a Família. Revista serviço Social e sociedade. Nº 48, Ano XVI.

PIERDONÁ, Zélia Luiza. Direito Educacional em Debate. V. I , p 129, 2004.

ROUSSEAU, Jean-Jacques. Princípios do Direito Político. São Paulo: Editora CD, 2003.

SILVA, José Afonso da. Curso de Direito Constitucional Positivo. São Paulo: Malheiros editores, 2003.

Sobre a Autora

Clemirene Oliveira
Advogada;
Palestrante;
Professora;
Bacharela em Direito- ULBRA E FAAR;
Formada em Teologia -CETADEB e Fic/SP
Autora do Projeto "A Criança, o Adolescente e o DEVER de Educar-SE";
Vencedora do Prêmio Professor Nota 10 Ariquemes /2008;
Consultora e Assessora Jurídica em Direito Educacional
Pós-graduada / Especialista em Metodologia e Didática do Ensino Superior -FIAR;
Pós-graduada / Especialista em Direito Educacional - UCAM;
Autora de vários artigos sobre Direito Educacional e Indisciplina na Escola.

CONTATO PARA PALESTRAS E CURSOS DE FORMAÇÃO CONTINUADA PARA PROFESSORES ACERCA DOS TEMAS ABORDADOS NESTE LIVRO:

E-mail: Palestrasclemireneoliveira@hotmail.com

Telefones: (69) 9.9246-5177 / ZAP (69) 9.8434-7197

FONE - (27) 3140-3374
contato@aboveonline.com.br
www.aboveonline.com.br

www.ingramcontent.com/pod-product-compliance
Lightning Source LLC
Chambersburg PA
CBHW080414170426
43194CB00015B/2812